外国語活動

イラストで見る

全単元・全時間の授業のすべて

小学校 **3** 年

直山木綿子 編著

東洋館
出版社

はじめに

　2020年4月より新学習指導要領が全面実施となりました。今回の改訂では、これまで高学年の外国語活動で小学校の先生方が積み上げてこられた豊富な実践による成果を継承しつつ、小学校の外国語活動と中学校の外国語科の指導のギャップ等の課題を解消するため、中学年では音声を中心とした「聞くこと」「話すこと」の指導を外国語活動として年間35時間、高学年では「聞くこと」「話すこと」に加え、「読むこと」「書くこと」の4技能を外国語科として年間70時間、指導いただくことになりました。

　中学年の外国語活動では、移行期間中より文部科学省が配布した「Let's Try!」を主たる教材として扱います。また、高学年の外国語科では、「教科書」を使って、数値による評価も行うことになります。

　これまで外国語教育の対象学年が高学年のみであり、外国語担当の教師が限られていたのに対し、新学習指導要領では中学年に外国語活動が導入され、多くの先生方が外国語教育の授業を担当されることになりました。外国語の専門性に対する不安感から外国語活動や外国語科の指導に苦手意識をもつ先生方もいらっしゃることでしょう。

　そこで本シリーズではそんな先生方のために、「Let's Try!」や教科書を子供の実態に応じてアレンジしながら活用しておられる先生方にその実践をご執筆いただき、指導上の留意点やアレンジの仕方等について記していただきました。外国語活動・外国語科の1時間ごとの授業の進め方を提案するとともに、コミュニケーションを行う目的や場面、状況などを明確にした質の高い言語活動を紹介していただき、「主体的・対話的で深い学び」の視点からの授業改善にも役立つものとなっています。これらの実践を参考に、子供たちとともに「あなたの学校・学級の外国語の授業」をつくっていただきたいと思います。

　本書発行に当たり、ご自身の実践をまとめてくださった執筆者の先生方に感謝するとともに、編集に当たっていただいた東洋館出版社の近藤智昭氏、河合麻衣氏、大岩有理奈氏に心より謝意を申し上げます。

　本シリーズが全国の先生方の外国語活動・外国語の授業づくりのお役に立つことを願っています。

令和3年3月吉日

直山　木綿子

本書活用のポイント

本書は、全単元の１時間ごとの授業づくりのポイント、学習活動の進め方と板書のイメージなどがひと目で分かるように構成されています。各項目における活用のポイントは以下のとおりです。

本時の目標・準備する物

テキストや教科書の指導案に示されている目標を参考にしながらも、各執筆者が子供の実態に応じて本単元で身に付けたい力を目標として設定しています。さらに本時で必要な教材・教具、学習カード、掲示物等を記載しています。

本時の言語活動のポイント

毎時間、コミュニケーションを行う目的や場面、状況などを明確にした言語活動を行うことになります。ここでは、本時における中心となる言語活動をどのような意図をもって行うかについて述べています。単元のゴールにつなげるためにも、どのような内容を相手や他者に伝えたらよいか、そのことを伝えるために、単元で慣れ親しんだ、あるいは既習の語句や表現から何を取捨選択したらよいかや、話すことの順を入れ替えるなどの工夫を子供が自分で考え、判断し、表現する場を設定する際のポイントを解説しています。

評価のポイント

本時の授業でどのような子供の姿を見取り、評価していくかについて解説しています。「指導に生かす評価」を行うのか、「記録に残す評価」を行うのかを各領域に焦点を当てて詳述しています。

第4時 **相手に伝わるように工夫しながら自分の好みを紹介しよう**

本時の目標

相手に伝わるように工夫しながら自分の好みを紹介しようとする。

準備する物

・自己紹介カード
・振り返りカード
・色・スポーツの絵カード（掲示用）
・果物・野菜の絵カード（掲示用）

本時の言語活動のポイント

自己紹介を行う際に相手に分かりやすく伝える工夫としてどんな方法が考えられるか、子供とのやり取りで引き出していく。まずは、聞き取りやすい声で話すこと、相手を見て話すこと、シートを指さしながら話すこと、そして、I don't like ～.のときに手を顔の前で振るジェスチャーなど、いくつかの例を紹介してから各自の練習に入らせたい。グループ発表の間は、各グループを回って歩き、工夫して話している子供を探して全体に紹介することで、全ての子供に意識させる。

【「話すこと［発表］」の記録に残す評価】

◎自分のことを知ってもらうために、相手に伝わるように工夫しながら、自分の好みを伝え合っている。
・子供が自分の好みについて自己紹介している様子を3観点から見取り、評価の記録を残す。

本時の展開 ▷▷▷

1 Let's Chant（色編）（スポーツ編）（QA編）・Small Talk

チャンツで表現を振り返った後、"Do you like ～?"と数名の子供に尋ねる。"Yes, I do."の場合、自己紹介カード上段部分を指しながら、"You like ～."と話し、"No, I don't."と答えたら下段部分を指し示し、"You don't like ～."と話すことでカードに記入する内容について確認する。

2 Activity 2 自己紹介カードを作成する

自分の好きなものや好きでないものについて絵や言葉で表し、自己紹介カードを作成する。黒板にこれまで学習した絵カードを掲示しておくことで、困ったときにヒントとして見られるようにしておく。

Unit4／I like blue.
052

授業の流れ

本時の主な活動について、そのねらいや流れ、指導上の留意点をイラストとともに記しています。その活動のねらいを教師がしっかりと理解することで、言葉かけや板書の仕方、教材の使い方も変わってきます。この一連の活動で、はじめは、単語であったが、最後には文で自分の考えや気持ちを表現し、子供同士でやり取りをするといった目指す姿が見えてきます。

※本書の編集に当たっては、文部科学省の Let's Try 1 を中心に授業を構成しています。各 Unit の時数を確認し、学習指導要領に即した指導事項や関連する言語活動を確かめてください。

Let's Try! 1 / **Unit 4**

3 Activity2：自分の好みについて自己紹介をしよう

活動のポイント：グループ活動の途中で、相手に伝わるように工夫して話している子供を紹介する

※グループ発表の途中で、工夫して話している子供を紹介する。

I don't like onions.

I like 〜.

うんうん

へえー。

※話す人も聞く人にも相手意識をもたせたい。

本時の中心となる活動・板書

　本時の目標を達成するための中心となる活動を取り上げ、指導のポイントや流れをイラストとともに記しています。特に先生の言葉かけを参考にしてください。子供の発言を受け止める、子供のつぶやきを大切にする、温かな言葉かけをすることが、子供のコミュニケーションへの積極性を育みます。

　また、板書例は45分の流れがひと目で分かるように構成されています。子供の吹き出しは、コミュニケーションにおける見方・考え方につながるものと捉えることができます。

3 Activity 2
自分の好みについて自己紹介をする

Hello. I'm 〜.
I like ice cream and pudding.
I don't like 〜.
Thank you.

　教師が話し方のモデルを示し、自己紹介の仕方を理解させる。4・5人のグループで1人ずつ自己紹介を行う。途中で活動を一旦止め、工夫して話している子供を紹介したり、各グループから代表者を選出し、全体の場で発表させたり全員で代表者に尋ねたりする。

4 本時の振り返りをする

うまく話せてよかった

誰が話し方を工夫していたかな？

　本時の活動を振り返り、話し方を工夫していた友達や、自己紹介を終えての感想を交流する。交流後、各自振り返りカードに記入し、自分自身の活動を振り返らせる。到達状況が十分でないと判断される子供については、これ以降も個別支援を行い学習改善の状況を観察する。

第4時
053

特典 DVD・巻末付録

　編著者である直山木綿子先生が、新学習指導要領における外国語教育の指導のポイント、評価の考え方、Small Talk の例を紹介しています。巻末には、単元別に行うことができる基本の活動と発展的な活動を紹介しています。

単元計画ページ

　各単元の冒頭には、「単元の目標」「単元の評価規準」「単元計画」を記載したページがあります。下段には、「単元の概要」「本単元で扱う主な語彙・表現」を記載しています。さらに、本単元における「主体的・対話的で深い学びの視点」や「評価のポイント」も詳しく述べられています。

本書活用のポイント
003

イラストで見る全単元・全時間の授業のすべて

外国語活動 小学校 3年
もくじ

外国語教育における
授業のポイント

コミュニケーションを行う目的や場面、状況など を明確にした言語活動を！

■ はじめに

　2020年度の小学校学習指導要領全面実施に伴い、全ての学校の中学年で外国語活動の授業が年間35単位時間、また、高学年で外国語科の授業が年間70単位時間展開されています。特に、高学年外国語科については、年間70単位時間の授業を初めて行う学校が多いでしょう。また教科として、初めて教科書を活用して指導を行い、初めて数値等による評価を実施することとなりました。「初めて」づくしの取組に、各学校では、地域や子供の実態に合わせて、誠意をもって取り組んでいただいているところではありますが、指導と評価について悩んでいる先生方も多いことでしょう。

　ここでは、外国語活動及び外国語科の指導において、子供が「主体的・対話的で深い学び」を実現するために大切にしたいこととして、「言語活動」「言語活動を通して」求められる資質・能力を身に付ける具体についての実践を例に挙げながら、確認していきます。

1 言語活動について

⑴ 「言語活動」について確認する

　表1は、新学習指導要領に示されている、小学校外国語活動及び外国語、中・高等学校外国語の目標です。これを見ると、小学校、中・高等学校でも、また、活動、教科でも、「言語活動を通して」子供たちにコミュニケーションを図る（素地／基礎となる）資質・能力を育成することが求められていることが分かります。

小学校		中学校　外国語	高等学校　外国語
外国語活動	外国語		
外国語によるコミュニケーションにおける見方・考え方を働かせ、外国語による聞くこと、話すことの**言語活動を通して**、<u>コミュニケーションを図る素地となる資質・能力を次のとおり育成すること</u>を目指す。 （※太字・傍線筆者）	外国語によるコミュニケーションにおける見方・考え方を働かせ、外国語による聞くこと、読むこと、話すこと、書くことの**言語活動を通して**、<u>コミュニケーションを図る基礎となる資質・能力を次のとおり育成すること</u>を目指す。	外国語によるコミュニケーションにおける見方・考え方を働かせ、外国語による聞くこと、読むこと、話すこと、書くことの**言語活動を通して**、簡単な情報や考えなどを理解したり表現したり伝え合ったりする<u>コミュニケーションを図る資質・能力を次のとおり育成する</u>ことを目指す。	外国語によるコミュニケーションにおける見方・考え方を働かせ、外国語による聞くこと、読むこと、話すこと、書くことの言語活動及びこれらを結び付けた統合的な**言語活動を通して**、情報や考えなどを的確に理解したり適切に表現したり伝え合ったりする<u>コミュニケーションを図る資質・能力を次のとおり育成する</u>ことを目指す。

表1　小・中・高等学校における外国語教育の目標

　では、「言語活動」とは何でしょうか。以下は、「小学校外国語活動・外国語　研修ガイドブック」（2017、文部科学省）中の「言語活動」に関する説明になります。

> 　外国語活動や外国語科における言語活動は、記録、要約、説明、論述、話し合いといった言語活動よりは基本的なものである。学習指導要領の外国語活動や外国語科においては、言語活動は、「実際に英語を使用して互いの考えや気持ちを伝え合う」活動を意味する。

このように、外国語活動や外国語科で行われている活動が全て言語活動とは言えず、言語活動は、言語材料について理解したり練習したりすることと区別されています。そして、実際に英語を使って互いの考えや気持ちを伝え合うという言語活動では、情報を整理しながら考えなどを形成するといった「思考力、判断力、表現力等」が活用されるとともに、英語に関する「知識及び技能」が活用されることになります。つまり、子供が自分の考えや気持ちを伝え合う言語活動をしっかりと設定した授業を行う必要があるのです。

　例えば、大分県佐伯市立明治小学校は「言語活動」に取り組む実践を通して、「言語活動」に必要な4つの要素を導き出しています。

①必然性
②ほんもの
③相手意識
④コミュニケーションの意義や楽しさ

　これらは、新「小学校学習指導要領」及びその解説「外国語活動・外国語編」に記されている、言語活動に関わる記載内容と一致しています。

　また、京都府京都市立朱雀第二小学校は、言語活動の1つであるSmall Talkにフォーカスを当て、子供の発話を促す次の7つのポイントを導き出しました。

①言おうとしている子供に言葉を掛けて励ます。
②子供が言ったことを認め、くり返す。
③子供が言ったことに相づちや反応を返し、安心感を与える。
④子供がつまったときに、ヒントを出す。
⑤子供に様々な質問をする。
⑥子供の言った日本語表現を英語表現に替えて言う。
⑦子供の間違いを、さりげなく修正する。

　教師が子供とSmall Talkに毎回の授業で取り組むことで、子供の英語を使ってコミュニケーションを図ろうとする意欲と英語力の向上、教師の授業での英語使用量とその質（語句レベルから文発話等）の向上が成果として見られています。

　このような例を参考にしながら、「言語活動」の適切な理解の下、全ての学校でこのような取組が展開されることが重要になります。

⑵ 「言語活動」の設定に際して留意すべきこと

　言語活動を行うには、コミュニケーションを行う目的や場面、状況などの設定が欠かせず、それを子供と共有することが欠かせません。

　また、コミュニケーションを行う目的や場面、状況などに応じて、どのような内容を相手や他者に伝えたらよいか、そのことを伝えるために、単元で慣れ親しんだ、あるいは既習の語句や表現から何を取捨選択したらよいかや、話すことの順などの工夫を子供が自分で考え、判断し、表現する場を設定することが重要です。さらに、話を聞く際に、その目的や場面、状況などに応じて、どのようなことを聞き取ればよいのか、どのような情報を得たらよいのかを考え判断し、得た情報を基に自身の考えなどを再構築することが求められます。

「小学校学習指導要領」及びその解説「外国語活動・外国語編」を熟読し、このようなことを意識して、言語活動を設定することが大切です。なお、このことは、学習評価における「思考・判断・表現」の観点の趣旨と大きく関わるので、評価について考える際のポイントとも重なることを念頭に置きましょう。

2 「言語活動を通して」求められる資質・能力を育成する

毎回の授業においても、単元終末の言語活動につながるような言語活動を設定し、子供が自分の考えや気持ちを伝え合うようにすることが大切になります。しかしながら、単元終末のみに言語活動を設定し、単元前半の授業では、相変わらず決められた表現を使った単なる反復練習を行うような授業は避けなければなりません。

単元全体の中の一部分だけでなく、毎時間の授業を（適切な理解に基づくポイントを踏まえた）言語活動にあふれた時間とする、すなわち、真に「言語活動を通して求められる資質・能力を育成する」ためにはどうしたらよいのでしょうか。

例えば、We Can！1 Unit 6 "I want to go to Italy." の第1時では、新しい語彙や表現について、まず視覚教材を活用し、表情やジェスチャーも交えて、教師が自分自身の本当の考えや気持ちを語り、その話に子供を巻き込んだやり取りを通して、子供に本単元で扱う新しい言語材料に出合わせます。教師の話す内容の概要を捉えていることを子供の様子から確認した上で、表2に示すようなやり取りを通して、先に出合わせた表現の使い方を実際に使わせながら、理解させていくのです。

T: I want to go to Oita.　K 5 , where do you want to go? K 5 : 北海道。 T: Oh, you want to go to Hokkaido. Good. I want to go to Oita.　K 6 , where do you want to go? K 6 : 沖縄です。 T: OK, you want to go to Okinawa.　K 5 wants to go to Hokkaido. You want to go to Okinawa. And I want to go to Oita.　（これを、この後数名の子供とくり返す）　K 8 , where do you want to go? K 8 : I want to … T: Good. You want to go to …? K 8 : I want to go to Kyoto.	T: You want to go to Kyoto. Very good. Once more, please. Everyone, listen again. K 8 : I want to go to Kyoto. T: Great!（大げさに褒める）Everyone, K 8 wants to go to Kyoto.　K 9 , where do you want to go? K 9 : I want to go to Tokyo. T: Great.　You want to go to Tokyo? Why? Why do you want to go to Tokyo? K 9 : 上野動物園のパンダが見たい。 T: 動物園 in English? Ks: Zoo. T: That's right. Ueno Zoo.　K 9 さんは、パンダが見たいんだって。	英語でどう言えばいいかな。 Ks: 見るだから、see じゃないかな。 T: Good. I want to go to Oita. だから？ Ks: I want to see…. T: Good. I want to see? Ks: Panda. T: I want to see pandas in? Ks: Ueno Zoo. T: 初めから言ってみようか。 Ks&T: I want to see pandas in Ueno Zoo. T: Very good.　K 9 , you want to go to Tokyo. Why? K 9 : I want to see pandas in Ueno Zoo. T: Excellent!

表2　教師と子供たちのやり取り例

ここでのポイントは、以下の2つです。

①子供が新しく出合う言語材料の意味が推測できるような場面設定をすること
②解説をするのではなく、実際に使わせる中で、その使い方を理解させていること

この後、子供たちにここまででどのようなことを学習しているかの確認を日本語で行った後、1人

の子供に全員で "Where do you want to go?" と尋ねるよう促し、質問の仕方の練習も取り入れた後、教師と子供で行ったやり取りを、子供同士で行わせます。もちろん、この段階では、十分な練習をしていないので、多くのペアがうまくいかないはずです。

そこで、この段階で、子供たちに困っていることはないかを尋ね、子供から「質問の言い方がよく分からない」という課題を引き出します。「では、その言い方をみんなで練習しよう」と呼び掛け、言い方が分からないから練習しようという必然性をもたせた上で練習をさせ、再度、相手を替えて取り組ませるのです。

このように、言語活動を通して、実際に英語を使わせながら、その使い方を理解させ使えるようにします。この一連の活動で、子供は、初めは単語でしたが、最後には文で自分の考えや気持ちを表現し、子供同士でやり取りをするのです。また、必要に応じて、教師は指導と練習を行っています。この練習のときでさえ、子供は自分の考えや気持ちを表現していることも大切にしたいところです。

3 高学年外国語科において「教科書」を子供の実態に合わせて活用する

冒頭で述べたとおり、今年度から高学年では、教科書を主たる教材として活用しながら授業を展開していますが、「どのように活用すればよいのか」という疑問の声をよく耳にします。まずは、これまでの高学年の外国語活動同様、子供の実態に合わせて活用することが前提となります。

どのように活用するかについては、岩手県山田町立豊間根小学校の研究実践が参考になります。この学校では、CAN―DOリスト形式の学習到達目標の作成及びその活用にフォーカスを当てて外国語科に取り組み、次の手順で、CAN―DOリスト形式の学習到達目標を作成しています。

STEP1：学習指導要領に示されている目標と、各単元の題材、言語材料等使用する教材を照らし合わせる。

STEP2：子供の実態を踏まえて、コミュニケーションを行う目的や場面、状況等を意識しながら単元のゴールとなる言語活動を決める。
☞ 「話すこと［やり取り］」「話すこと［発表］」のどちらの領域をねらうか。
☞ 決めた領域目標の項目（アイウ）のどれをねらうか。
☞ 「聞くこと」「読むこと」「書くこと」の各領域別の目標の項目（アイウ）のどれをねらうか。
☞ 他教科等の学習内容との関連を確認する。

STEP3：領域別の目標全体を見て、年間のバランスや学期ごとのバランスを調整する。

STEP4：年間指導計画を基に、CAN―DOリスト形式の学習到達目標一覧表に各単元の目標と単元名を入れ、最終調整をする。

これを基に子供に分かりやすい言葉で記したリストを作成し、活用させることで、教師と子供が単元の学習内容や既習表現を確認し、各学年末に目指す姿の共通理解を図り、2学年分の系統性やスパイラル形式の学習を見通すことができます。さらに、教科書に様々掲載されている活動の取捨選択やその順の並び替え、どのような活動をオリジナルで加えるかを検討する際に、これを活用するのです。ただ教科書に沿って授業をするのではなく、まず、子供に身に付けさせたい力を明らかにした上で、目標に向けて教科書を活用することが大切です。

必然性のあるやり取りを通して、コミュニケーションの楽しさを感じられる言語活動を！

Let's Try! 1 ／ **Unit 7**

3 これは何でしょう？

活動のポイント：ペアになり、What do you want? ～, please. の表現を使い、欲しい形を集める。1つ買う度に交代したり、1人が買い終わった時点でもう1人が買ったり、様々な方法が考えられる。作品作りは同時に行い、完成したらクイズを出し合うとよい。

〈欲しいものを尋ね合う場面〉
A, B：Hello.
A：What do you want?
B：A blue heart, please.
A：A blue heart? OK!
A：How many?
B：Four! あっ、Four, please.
A：OK. Here you are.
B：Thank you.
〈何かを当てる場面〉
B：What's this?
　（作品を指して）
A：花？（Flower）
B：OK! That's right!

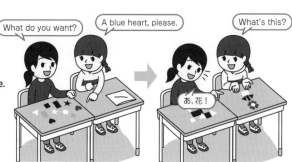

必然性のあるやり取りを大切に

　子供が、興味・関心をもつことができる自分のことや身の回りのもののことを題材にし、事実だけではなく、自分の考えや気持ちなどを伝え合う場面を設定しましょう。また、決められた表現を使った単なる反復練習のようなやり取りではなく、相手の思いを想像し、内容や言葉、伝え方を考えながら、相手と意味のあるやり取りを行う活動を様々な場面設定の中で行うことが重要です。

相手意識をもったやり取りを大切に

　例えば、やり取りの中で、I like ○○. と好きなものを子供が述べた際、教師は、You like ○○. I see. などと「受容」し、I like ○○, too. と「共感」し、さらには、I like △△, too. Do you like △△？と「問いかける」などして、単なる反復練習にすることなく、あくまでも必然性のあるやり取りの中で、表現に慣れ親しませ、コミュニケーションの楽しさを実感できるようにしましょう。

言語活動を行う上での留意事項

　学校や地域行事、学級で取り組んでいること、子供の興味・関心は実態によって様々です。言語活動を行う際には、取り上げる題材や場面設定が自校や子供たちの実態に合ったものになっているかどうかに留意するようにしたいものです。目の前の子供たちの生活をよく見て、コミュニケーションを行う目的や場面、状況などを明確にして、より「本物」のやり取りになるように工夫することが大切です。

子供たちのコミュニケーションを
充実させる板書を!

Let's Try! 1 ／ **Unit 8** 板書のポイント：子供たちとやり取りしながら発言を書き出す。

単元のゴール

「すきなものハウス」クイズ大会をして
学年の友だちと仲よくなろう

【学習計画】

| 学年の友だちとク イズをするよさ | クイズの出し方・ 答え方の練習 |

↓

・楽しそう
・友だちのすきなも のを知れる
・学年のまだ知らな い友だちと仲よく なれる

| 自分の好きなものを 決める |
| クイズを作る |
| クラスでリハーサル |
| 「すきなものハウス」 クイズ大会 |

ゴール

Today's Goal

「すきなものハウス」
クイズをしよう

↓シャッフルゲームで使用する絵
カード

cabbage　kiwi fruit　sweet potatos　mango

My すきなものハウス　My すきなものハウス

↑ HRT のクイズ　↑ ALT のクイズ
モデル　　　　　 モデル

↑子供の発言を基に活動内容を短冊に書き、短冊を並び替えなが
ら取り組む順番を整理する。

イラストや写真の活用、思考の可視化

　気分を尋ねたり、答えたりする単元においては、感情や状態を表す語や表現を発話するだけでなく、それを表すイラストや実物、写真などを黒板に掲示する工夫が考えられます。また、教科書の紙面の拡大掲示や、子供たちの意見や成果物を多く掲示することで、互いを知り合い、コミュニケーションをより活性化させるツールとして板書を活用していきましょう。

電子黒板等、ICT 機器を活用する

　電子黒板やテレビ等にパソコンを接続し、絵カードや歌、チャンツ、動画等を映し出すことで、子供の興味・関心を高めるようにしましょう。電子黒板では、部分的に大きく提示したり、画面に文字や線を書き込んだりしながら、子供に説明することも可能なので、ICT 機器のもつ特性を十分に生かしながら、効果的に活用していきましょう。

板書を活用する上での留意事項

　外国語活動・外国語科では、言語活動を重視するため他教科等に比べて板書を使う機会は少ないですが、それは、音声によるコミュニケーションを重視しているからです。文字の指導においても、英文だけを板書して指示するような、文字を使って行う指導とならないよう注意する必要があります。あくまでも、板書は活動をより一層充実させるツールとして使用し、授業を活性化させていくことが大切です。

イラストで見る
全単元・全時間の授業のすべて
外国語活動　小学校３年

Hello!

(2時間) 【中心領域】聞くこと、話すこと [やり取り]

単元の目標

世界には様々な言語があることに気付き、挨拶や名前の言い方に慣れ親しむとともに、相手に伝わるよう工夫しながら、名前を言って挨拶を交わそうとする。

第1時
第1小単元（導入）
世界には様々な言語があることに気付き、挨拶や名前の言い方に慣れ親しむ。

１．世界の様々な挨拶を知ろう

① **Ten Steps：１〜10の英語でゲームをしよう**
初めての外国語活動の授業である。子供たちがよく知ってる１〜10の数字を用いてゲームを行う。
英語で歌ったり、手拍子をしたりする活動を通して、「外国語活動の授業は楽しい」と感じさせたい。

② **言えそうな英語はないかな？**
テキスト Let's Try! 1 の表紙を見て、色や動物など、英語で言えそうなものを自由に言わせる。

③ **Let's Watch and Think（4／9か国）：世界のいろいろな国の挨拶を知ろう**
国旗のイラストで国名を確認したり、世界地図でどこにある国かを確認したりする。その後、音声や動画を視聴させ、聞こえたように挨拶を真似させ、実際に子供同士でやり取りをさせる。

④ **Let's Chant：英語の挨拶や名前の言い方を知ろう**
何度もくり返し聞かせることを大切にし、耳が慣れてきたら口ずさむように声かけをする。

本単元について

【単元の概要】

本単元では、挨拶をして自分の名前を伝え合う活動を通して、英語でやり取りをする楽しさや、挨拶を交わす心地よさを実感させたい。また、いろいろな国の風景や同年代の子供が挨拶をする映像を通して、外国の言語や文化に興味・関心をもつきっかけとしたい。

初めての外国語活動の授業である。教師が、自ら英語を使おうとする姿を見せることや、英語を用いて楽しみながら活動を行うことを大切にし、「外国語活動の授業って楽しい。次も楽しみだ」という期待感をもたせたい。

【本単元で扱う主な語彙・表現】

《語彙》

Finland, China, Germany, Japan, Kenya, India, Korea, America, Australia

《表現》

Hello. Hi. I'm (Hinata) . Goodbye. See you.
挨拶（hello, hi, goodbye, see you）, friend, I, am

《**本単元のクラスルーム・イングリッシュ**》

Let's start our English class.
Stand up, please. Sit down, please.
That's all for today.
Good morning, everyone.

単元の評価規準

[知識・技能]：Hello. I'm 〜. の表現を用いて、挨拶や名前などについて、聞いたり、伝え合ったりすることに慣れ親しんでいる。

[思考・判断・表現]：互いのことをよく知り合うために、挨拶や名前について、聞いたり、伝え合ったりしている。

[主体的に学習に取り組む態度]：互いのことをよく知り合うために、挨拶や名前について、聞いたり、伝え合おうとしている。

第2時
第2小単元（まとめ）
相手に伝わるように工夫しながら、名前を言って挨拶を交わす。

2．名前を言って挨拶を交わそう

① Let's Watch and Think（5/9か国）：世界のいろいろな国の挨拶を知ろう
　第1時に扱った Let's Watch and Think の4か国についても、音声のみを聞かせて本活動を行う。
　第1時と同様に、国旗のイラストで国名を確認したり、世界地図でどこの国かを確認したりする。その後、音声や動画を視聴させ、聞こえたように挨拶を真似させ、子供同士でやり取りをさせる。

② Let's Listen：挨拶を聞いて、子供と国旗を線で結ぼう
　紙面の国旗で国名を確認し、その国の挨拶を想起させた上で、音声を聞かせるようにする。

③ Let's Chant：英語の挨拶や名前の言い方に慣れ親しもう
　何度もくり返して行い、全員が口ずさむことができるようになったら、「音声なし」で行う。

④ Activity：挨拶をして名前を伝え合おう
　ペアやグループで伝え合ったり、教室を自由に歩き回って伝え合ったりする。

【主体的・対話的で深い学びの視点】

　Let's Watch and Think では、日本を含め9か国が取り上げられている。教科書紙面の国旗のイラストを用いて国名を当てさせたり、世界地図で各国の位置を確認したりすると社会科の学習ともつながる。

　動画視聴後には、「野生の動物がいた」「雪景色だった」などの気付きを取り上げ、外国への興味・関心を高めることも大切である。

　いろいろな国の挨拶を、聞こえたように真似して言う活動を設定することで、必然的にしっかりと聞こうとする態度を高めることができる。

【評価のポイント】

　外国語活動の初めての単元であることから、目標に向けての指導は行うが、記録に残す評価は行わない。

　第2時では、Activity で、相手に伝わるように工夫しながら挨拶をし、名前を伝えている様子を十分に観察し、慣れ親しみが足りないと感じた場合は、チャンツを行い、さらにやり取りをさせるよう指導する。

第1時　世界の様々な挨拶を知ろう

本時の目標

　世界には様々な言語があることに気付くとともに、相手に伝わるように工夫しながら、挨拶や名前を伝え合う。

準備する物

・デジタル教材
・振り返りカード

本時の言語活動のポイント

　コミュニケーションで最も大切なことは、相手が伝えようとしていることをしっかりと聞こうとする態度である。本時では、Let's Watch and Think で、世界のいろいろな国の挨拶を聞いたり、実際に言ったりする。日頃聞き慣れない言葉なので、真似して言うことは簡単ではない。そこで、しっかりと聞いて、自分が聞こえたように真似することを意識させる。そして、実際に友達と世界のいろいろな国の言葉で、挨拶のやり取りをする活動へとつなげていく。

【「話すこと［やり取り］」の指導に生かす評価】

◎本時では、記録に残す評価は行わないが、目標に向けて指導を行う。記録に残す評価を行わない活動や時間においても、教師が子供の学習状況を確認する。
・次時の活動に向けて、チャンツをしっかりと聞いたり、口ずさんだりする姿を中心に見取る。

本時の展開 ▷▷▷

1 Ten Steps をする

　授業開始後、「1」と板書し、"What's this?"と尋ねる。子供は "One." と答える。同様に10までの数の言い方を確認した後、Ten Steps を歌って聞かせ、全員で歌うように促す。そして、いくつかの数字を消し、そこに手のイラストを描く。その数字のときは、手拍子をさせる。

2 言えそうな英語はないかな？ Let's Try! 1 の表紙から考える

　Let's Try! 1 の表紙を見て、色や動物など、英語で言えそうなものを自由に言わせる。子供の言った英語を、ALT に正しい発音で言わせ、それを真似してくり返させ、自然な流れで正しい発音に慣れ親しませる。タイトル「Let's Try!」の意味についても考えさせたい。

3 Let's Watch and Think

活動のポイント：楽しみながらジェスチャーや挨拶をくり返し真似する。この活動により、その後の挨拶をやり取りする活動へとつながっていく。

子供がペアで、ジェスチャーを真似しながら、「你好（ニーハオ）」と挨拶を交わす。

子供がペアで、ジェスチャーを真似しながら、「Jambo.（ジャンボ）」と挨拶を交わす。

3 Let's Watch and Think
世界のいろいろな国の挨拶を知る

　まずは、国旗のイラストで知っている国名を自由に言わせ確認する。その後、4か国のみの映像を見せ、その都度、気付いたことや日本との共通点や相違点を考えることで、外国への興味・関心が高まるようにする。各国の挨拶を聞き取り、その挨拶で友達と挨拶をする。

4 Let's Chant
英語の挨拶や名前の言い方を知る

Hello! I'm Emily 〜.

　「字幕なし」で数回聞かせ、やり取りの内容を考える。特に Let's be friends! という言葉について、このやり取りの場面から、その意味を考えさせることを大切にしたい。内容を確認したら、自然と口ずさむようになるまでくり返し聞かせる。

名前を言って挨拶を交わそう

本時の目標

　相手に伝わるよう工夫しながら、名前を言って挨拶を交わす。

準備する物

・デジタル教材
・振り返りカード

本時の言語活動のポイント

　英語を用いてやり取りをする初めての活動である。友達と挨拶を交わし名前を伝え合う活動であるが、英語で行うことで新鮮な経験となるであろう。

　挨拶をして名前を伝え合い、最後にハイタッチをしたり、自分の名前やイラストを描いた名刺サイズのカードを交換したりするなど、学級の実態に応じていろいろな工夫が可能である。

　コミュニケーションを図る楽しさや挨拶を交わす心地よさを実感させたい。

【「話すこと［やり取り］」の指導に生かす評価】

◎Hello, I'm 〜. を用いて、挨拶をし、名前を伝えている。〈行動観察〉
・子供が伝え合っている様子を観察し、指導に生かす。

本時の展開 ▷▷▷

1 Let's Watch and Think
世界のいろいろな国の挨拶を知る

　まずは、国旗のイラストで国名を再確認する。その後、残りの5か国の映像を見せ、その都度、気付いたことや日本との共通点や相違点を考えるなど、外国への興味・関心が高まるように扱う。そして、各国の挨拶をしっかりと聞き、その挨拶で友達と挨拶をする。

2 Let's Listen
子供と国旗を線で結ぶ

　登場人物が自国の言語と英語で挨拶をする音声を聞き、どの国かを考える。まずは、紙面の国旗で国名を確認し、その国の挨拶を想起させ、音声を聞かせるようにする。そうすることで、音声を聞く必然性が高まり、「やっぱりそうだ！」と、聞く楽しさのある活動になる。

Unit1 : Hello!
めあて：名前を言ってあいさつをかわそう

4 Activity

■ペアで
Hello, I'm 〜 . の
やり取り

■グループで
Hello, I'm 〜 . のや
り取り

■自由に歩き回って
Hello, I'm 〜 . のやり
取り

え顔がうれしかった

はっきりと聞こえる声がよかった

ポイント　必要に応じて、チャンツを活用し、英語の挨拶や名前の言い方に慣れ親しませる。

3 Let's Chant
挨拶や名前の言い方に慣れ親しむ

Hello! I'm ゆいと

Hello! I'm さくら

本時でも最初は「字幕なし」で何度もくり返して行う。次第に全員が口ずさむことができるようになったら、「字幕あり」にして、自然と文字に慣れ親しませる。さらに、「音声なし」で行い、自分の名前を言いながらペアでやり取りをするチャンツを行う。

4 Activity
挨拶をして名前を伝え合う

笑顔がうれしかったです

まずは、ペアやグループで挨拶と名前のやり取りを行う。その後、教室を自由に歩き回って行う。活動を通して、「互いのやり取りのよさ」についても考え、「笑顔がうれしかった」「はっきりと聞こえる声がよかった」など、コミュニケーションの質についても価値付けていく。

第1時 Ten Steps（外国語活動との出合いの活動）

活動の概要

第1回目の授業を「オリエンテーション」として、英語の号令の仕方を何度も練習したり、クラスルーム・イングリッシュの意味を確認したりするという機械的な内容で終えることはないだろうか。第1回目だからこそ、「外国語活動の授業って楽しい！」と実感させることが大切である。そこで、本単元の目標とは直接関係しないが、出合いの活動として設定した Ten Steps をあえて Key Activity として取り上げる。1～10の数字を順に言ったり、途中で手拍子を入れたりするなど、頭と体を使い「外国語活動の授業って楽しい」と心で感じる活動である。

活動をスムーズに進めるための3つの手立て

①挨拶	②1～10の確認	③Ten Steps をする
英語で簡単に挨拶をする（号令の仕方は追々行っていく）。	教師が黒板に1から10の順に数字を書き、英語の発音を確認する。	まずは教師が Ten Steps を歌って聞かせ、その後、みんなで歌う。

活動前のやり取り例

T：（黒板に「1」と板書し）What's this?

C：ワン！

T：That's right! One.

C：One.

T：（黒板に「2」と板書し）What's this?

C：ツー！

T：Two.　C：Two.　＊同じように、10の数字の発音を確認する。

活動前のやり取りのポイント

子供たちにとって馴染みのある1～10の英語である。まずは、それらの発音について、ALT の発音をしっかりと聞かせ、真似させるようにする。その後、Ten Steps の歌を通して、リズムに乗って楽しく慣れ親しませる。

＊ Ten Steps については、Unit 3 の Let's Sing（Let's Try! 1）に収録されている。

活動のポイント

　Ten Steps の歌で 1 〜10に慣れ親しませたら、"Bye-bye number." と言いながら、黒板の「３」の数字を消す。そこに、「手」のイラストを描く。さらに、"Bye-bye number." と続け「７」の数字を消す。そこにも「手」のイラストを描く。
　Ten Steps を歌いながら、「手」のイラストの箇所では、歌わずに手拍子をする。
　本活動は、手拍子だけでなく、机をたたいたり、ジャンプをしたりするなどの工夫をすることができる。歌のスピードを遅くしたり速くしたりし、変化を加えることで楽しみながら英語を言うことができる。

活動後のやり取り例

T ： Stand up, please. Let's sing together!
C ： One, two,（手拍子）, four, five, six.（手拍子）
　　 One, two,（手拍子）, four, five, six.（手拍子）
　　 Eight, nine,（ジャンプ）, eight, nine.（ジャンプ）
　　 One, two,（手拍子）, four, five, six.（手拍子）
T ： Good job！どうだった？
C ：楽しかった〜！もっとスピードアップしよう！

活動後のやり取りのポイント

Ten Steps を通して、子供たちは、夢中になって 1 〜10の英語を何度も聞いたり言ったりすることができるだろう。 1 〜10という簡単な英語であるが、積極的に英語を用いることができたことを大きく称賛することが大切である。本活動は、本時の目標に直接関係のある活動ではないため、あまり長い時間行うことがないよう留意することも大切である。

2

How are you?

（2時間）【中心領域】聞くこと、話すこと［やり取り］

単元の目標

互いのことをよく知り合うために、表情やジェスチャーを付けるなど、相手に伝わるよう工夫しながら感情や状態を尋ねたり答えたりして挨拶し合う。

第1時
第1小単元（導入）
感情や状態を尋ねたり答えたりする表現に慣れ親しむ。

1．相手の気持ちや様子を尋ねたり答えたりしよう

① Let's Chant：“Hello!”（Unit 1 p. 3）

② Let's Watch and Think 1
　　紙面から登場人物の様子を予想した後に視聴し、感情や状態を表す語や表現を知る。

③ Let's Listen
　　紙面のイラストの意味を確認し、“Who is fine?”と予想した後に、視聴する。
　　登場人物と感情や状態を表すイラストを線で結ぶ。

④ Let's Sing 1 ：“Hello Song”
　　1回目は歌と同じく“I'm good.”と歌う。2回目は感情や状態を表す語を（happy, hungry 等）替えて歌う。その後、音声なしで教師が子供に“Hello. Hello. Hello, how are you?”と尋ね、やり取りをする。

⑤ Activity
　　子供同士で、様子を尋ねたり答えたりするやり取りをする。

⑥ Let's Sing 2 ：“Goodbye Song”／振り返り

本単元について

【単元の概要】

　本単元では、友達と感情や状態を尋ね合う活動を行う。ポイントは、表情やジェスチャーを付けたやり取りを通してコミュニケーションの楽しさを味わわせることである。

　第1時で、感情や状態を表す語や表現と出合う。紙面の遠足の場面から、どんな様子なのかを予想させ、感情や状態を表す語を捉えさせる。

　第2時では、ジェスチャーだけでやり取りをする silent greeting を行い、ジェスチャーがコミュニケーションにとって大切な要素の1つであることを捉えさせる。その後、表情やジェスチャーを付けたやり取りを行い、友達への気配りや思いやりを高めていく活動とする。

【本単元で扱う主な語彙・表現】

《語彙》

状態・気持ち（fine, happy, good, sleepy, hungry, tired, sad, great）, how, are, me, and

《表現》

How are you? I'm（happy）.

《本単元のクラスルーム・イングリッシュ》

Look at the TV.　　What do you think?
Who is 〜?　　　　Let's talk with your pair.
Let's sing a song.　Let's sing together.
Listen carefully.　　Let's check the answer.

単元の評価規準

[知識・技能]：感情や状態を尋ねたりする How are you? の表現やそれに答える I'm fine.（happy, good, sleepy, hungry, tired, sad, great）などの表現を用いて、感情や状態を尋ねたり答えたりすることに慣れ親しんでいる。

[思考・判断・表現]：互いのことをよく知り合うために、感情や状態について、聞いたり、伝え合ったりしている。

[主体的に学習に取り組む態度]：互いのことをよく知り合うために、感情や状態について、聞いたり、伝え合ったりしようとしている。

第2時
第2小単元（まとめ）

表情やジェスチャーの大切さに気付き、表情やジェスチャーを付けて相手に伝わるように工夫しながら、挨拶をしようとする。

２．相手のことを考えて、尋ねたり答えたりしよう

① Let's Chant ："Hello!"（Unit 1 p. 3）

② Let's Sing 1 ："Hello Song"

　　1回目は歌と同じく "I'm good." と歌う。2回目は自分の感情や状態を表す語で歌う。3回目はペアでやり取りしながら歌う。その後、音楽なしのやり取りを行う。

③ Let's Watch and Think 2

　　紙面のジェスチャーのイラストから意味を予想した後に視聴し、ジェスチャーが表す意味を考える。

④ Activity ：silent greeting

　　教師が表情とジェスチャーのみで、感情や状態を表す表現をし、子供に伝える。子供同士でも表情やジェスチャーのみでやり取りをする。その後、言葉と表情やジェスチャーでやり取りをする。

⑤ Let's Sing 2 ："Goodbye Song"／振り返り

【主体的・対話的で深い学びの視点】

　感情や状態を表す語に出合う場面では、紙面を開いて、どのような場面や様子なのかを予想させる。そうすることで、言葉のもつ意味と感情や状態を一致させて捉えることができる。それらがやり取りをする際の表情やジェスチャーへと結び付くだろう。

　Let's Listen の際には、視聴前に紙面のイラストの意味を確認し、"Who is fine?" と予想させることで、主体的に聞く活動となる。

　Activity では silent greeting を通して、ジェスチャーの大切さやその意味を考える。それが表情・ジェスチャーを工夫し、より相手に伝わるコミュニケーションへとつながるだろう。

【評価のポイント】

　本単元でも前単元に引き続き、目標に向けての指導を行うが、記録に残す評価は行わない。ただし、相手に伝わるように表情やジェスチャーを工夫しやり取りをしているかどうか、相手のことを知るために "How are you?" と尋ねたり、自分のことを伝えるために "I'm fine." と答えたりしてやり取りをしているかどうか、感情・状態を表す語の意味を捉え、ジェスチャーの大切さを理解しているかどうかを十分に観察し、本単元以降の指導に生かしていく。

相手の気持ちや様子を尋ねたり
答えたりしよう

本時の目標

　感情や状態を尋ねたり答えたりする表現に慣
れ親しむ。

準備する物

・感情や状態の絵カード（掲示用）
・Let's Try 1 デジタル教材
・振り返りカード

本時の言語活動のポイント

　Let's Sing 1 "Hello Song"の後、教師が子
供に "Hello. Hello. Hello, how are you？" と尋
ね、数人の子供とやり取りをする（全体 In-
put）。学級全員で教師に "Hello. Hello. Hello,
how are you？" と尋ねたり、学級全員が代表
の子供に尋ねたりする（全体 Output）。十分に
やり取りで慣れ親しんだ後に、子供同士でのや
り取りをする。
　やり取りで十分に慣れ親しませることで、子
供は自信をもって自分の感情や状態を伝えたり
尋ねたりするだろう。

【「話すこと［やり取り］」の指導に生かす評価】

◎本時では、前半の Let's Watch and Think 1 や Let's Listen・Let's Sing 1 で語や表現の意味を捉
　え、十分に慣れ親しませる活動を行う。そこでは「指導に生かす評価」として子供同士のやり
　取りができるよう支援する。

本時の展開 ▷▷▷

1 Let's Watch and Think 1 を する

　紙面の遠足の様子から登場人物の感情や状態
を予想させ、「眠そうだ」「くいしんぼうみた
い」と自由に発表していく。その後、視聴する
ことで語や表現の意味を捉えることにつなが
る。確認しながら表情やジェスチャーとともに
語や表現を言い、慣れ親しませていく。

2 Let's Listen：登場人物の感情 や状態を表すイラストを線で結ぶ

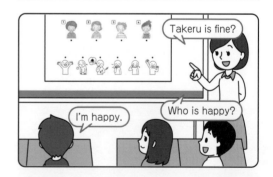

　紙面のイラストが表わす感情や状態の表し方
を "Who is happy?" "Are you happy?" と子供と
やり取りをしながら行う。その後、登場人物の
名前を確認し、"Takeru ＝ fine?" などと予想を
立てることが、主体的に聞こうとする態度へと
つながる。

3 Let's Sing1 "Hello Song" ⇒ **4** Activity

活動のポイント：歌から自分の感情や状態を伝えるやり取りへとつなげる。

1　歌詞どおりに歌う

Hello. Hello. Hello, how are you?

I'm good. I'm good. I'm good, thank you. And you?

2　歌詞を替えて歌う

Hello. Hello. Hello, how are you?

I'm happy. I'm happy. I'm happy, thank you. And you?

3　自分の感情と状態の言葉で歌う

I'm fine. I'm hungry. I'm great.

4　友達とやり取りをする

Hello. Hello, how are you? Hello. I'm fine.

---

3 Let's Sing 1 "Hello Song"
やり取りで表現に慣れ親しむ

映像のジェスチャーを真似し、1回目は歌詞どおり "I'm good." と歌う。2回目は "I'm fine."（等）と歌詞を替え、自分なりのジェスチャーで歌う。3回目は自分の感情や状態を表現して歌う。その後、音声なしで "Hello, how are you?" と尋ね、やり取りへとつなげる。

4 Activity
子供同士でやり取りをする

子供同士で "How are you?" と尋ね "I'm 〜." と答えるやり取りを行う。子供は自分なりのジェスチャーを付けて感情や状態を表現する。途中でよい関わりをしているペアを紹介したり、同じ気持ちの場合は "Me, too." と言えることを伝え、さらに同様のやり取りを行う。

第2時 相手のことを考えて、尋ねたり答えたりしよう

本時の目標

　表情やジェスチャーの大切さに気付き、表情やジェスチャーを付けて相手に伝わるように工夫しながら、挨拶しようとする。

準備する物

・感情や状態の絵カード（掲示用）
・Let's Try 1 デジタル教材
・振り返りカード

本時の言語活動のポイント

　Let's Sing 1 の後のやり取りでは、隣の子供がどんな気持ちなのかを予想させることで、相手意識をもち、主体的に聞くことへとつなげる。

　さらに、やり取りの中で、「同じ気持ちだ」や「そうなんだ」というリアクションには Me, too. /I see. と英語のリアクションを伝える。

　その後、今度は前後のペアで（相手を替えて）、同様のやり取りを行う。1回目よりは2回目のほうがリアクションや相手意識のあるやり取りとなるであろう。

【「話すこと ［やり取り］」の指導に生かす評価】

◎Let's Sing 1 の後のリアクションのあるやり取りや Activity：silent greeting の表情とジェスチャーの大切さを体感する活動においては、言葉と表情・ジェスチャーを工夫してやり取りをしている様子を観察し、本時以降の指導に生かす。

本時の展開 ▷▷▷

1 Let's Sing 1 ⇒ やり取り
リアクションのあるやり取りをする

　前時に扱った語を想起しながら "Hell Song" を歌う。その後、教師が数名の子供とのやり取りを行い、さらに、子供同士のやり取りへとつなげる。その際、日本語での反応を Me, too./I see. といった英語のリアクションにし、英語で認め合えるようにする。

2 Let's Watch and Think 2
ジェスチャーが表す意味を考える

　はじめは、ジェスチャーの音声なし動画を見て、どんな意味かを考える。次に、言葉とジェスチャーの動画で意味の確認をする。その後、感想を言う。日本語と同じジェスチャーや不思議なジェスチャーなど自由に発表し、ジェスチャーが表す意味と外国との相違を考える。

Unit2：How are you

めあて：あい手のことを考えて、たずねたり答えたりしよう。

今日やること
チャンツ
めあて
うた
Let's Watch and Think
アクティビティ
うた
まとめ・ふりかえり

どんなジェスチャーが分かりやすいかな？

 同じ   なるほど

リアクションもえい語で言ってみよう。

ジェスチャー
- 日本語と同じものもあった
- 「おいで」はちがった
- ふしぎだった
- まほうみたい
- 意味がちがうものもある
- 使い方を間ちがえると大変
- ◎伝えたいことが表わせる
- ◎ジェスチャーがあると分かりやすい
- ◎相手のことを考えて使う

3 Activity（前半）: silent greeting 伝えたいという想いを感じる

　言葉を発せずに表情とジェスチャーで感情や状態を伝える活動である。まずは教師が、次に代表の子供、さらにペアで行う。静寂の中に自分の思いが伝わった子供たちの満足げな様子が広がる時間となり、伝えたいという想いがジェスチャーに表れていることを体感できる。

4 Activity（後半） 相手に伝わるようにやり取りを行う

　silent greeting の後、ジェスチャーのもつ意味について再度、感じたことを発表し合う。その後、言葉と表情やジェスチャーを工夫してやり取りを行う。相手意識をもち、自分の気持ちを伝えるためのやり取りができるだろう。

第2時 Activity：silent greeting

活動の概要

　第 2 時の Activity で行う活動である。その前に Let's Watch and Think 2 で映像のジェスチャーが何を表わしているのかを問い、ジェスチャーのもつ意味について考える。Activity の前半では、あえて言葉は発せず表情とジェスチャーだけでやり取りをする。ジェスチャーには伝えたいという想いが込められていることを体得することができるだろう。それらが後半の言葉と表情やジェスチャーを工夫して相手に伝わるようにやり取りをすることへとつながるよう指導する。

活動をスムーズに進めるための 3 つの手立て

①掲示物
感情や状態を表す語のカードを掲示し、ジェスチャーのヒントにする。

②スモールステップ
はじめは教師が行い、次に代表の子供、そして、子供同士で行う。

③相手意識
ジェスチャーのもつ意味について考える。子供の意見は板書する。

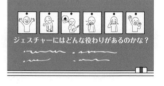

活動前のやり取り例

T ：I'm（happy）.（声を出さずに、手を広げて happy のジェスチャーをする）

C 1：分かった。I'm happy. だ。　　T：どうして分かったの？

C 2：だって、ジェスチャーでこう（手を広げて）してるから。ジェスチャーで分かる。

T ：これはどうかな。（声を出さずに、ジェスチャーで "How are you?" と尋ねる）

C 3：（I'm fine. 声を出さずにジェスチャーで表現する）

C 4：分かった。なんだか魔法みたい。　　T：ジェスチャーってどんな役割があるのかな。

C 5：分かりやすく伝えるためのものだと思う。

活動前のやり取りのポイント

ジェスチャーのもつ意味について考える場面である。ジェスチャーだけで言いたいことを伝えることができたり、ジェスチャーで表現することで、言葉のもつ意味にも着目することができるだろう。はじめは、教師がやってみせ、次に、代表の子供がやってみる。そうすることで、普段は気恥ずかしいジェスチャーでも「やってみたい」という意欲につながる。

　第2時の Activity で行う silent greeting である。相手に自分の気持ちをより分か
りやすく伝えるために表情やジェスチャーを工夫して表現する Activity である。普
段は気恥ずかしいジェスチャーでも、silent greeting でジェスチャーの大切さを体
験的に理解することで、豊かなコミュニケーションへとつなげたい。

メイン
活動

（How are you?）

（I'm hungry.）

（Me, too.）

（How are you?）

（I'm happy.）　（How are you?）

（I see.）

（OK）

（I'm great.）

活動後のやり取り例

T　：How are you?（ジェスチャーをしながら尋ねる）

C 1：I'm hungry.（ジェスチャーをしながら答える：代表の子供）

T　：Me, too.（表情とジェスチャーを工夫して答える）

C 2：Me, too.（他の子供もジェスチャーをしながら答える）

T　：Next, talk with your pair.

C 1：How are you?

C 2：I'm good.

C 1：I see. OK. OK.

C 2：Thank you. How are you? …

活動後のやり取りのポイント

表情やジェスチャーの意味や役割を体得した子供たちは、表情豊かにジェスチャーを工夫して、
自分の感情や状態を伝えるようになるだろう。Let's Sing の後のやり取りでリアクションについて
も理解しているので、英語で認め合うようにする。途中で、よい関わりをしているペアを紹介す
ると、相手意識をもち、自分の気持ちを伝え相手の気持ちを受け止めるやり取りができるだろう。

3 How many?

（ 4 時間 ）【中心領域】聞くこと、話すこと［やり取り］

単元の目標

互いのことを知り合うために、相手に伝わるように工夫しながら、1 から20までの数や数の尋ね方について理解するとともに、好きな漢字について数を尋ねたり答えたりして伝え合う。

第 1 時	第 2 時
第 1 小単元（導入）	第 2 小単元（展開①）
1 から10までの数の言い方を聞いたり言ったりする。	11から20までの数の言い方を聞いたり言ったりする。
1．1 から10までの数を聞いたり言ったりしよう ①見通しをもつ 　身の回りのものの言い方を知る。 ② Let's Play 2 　じゃんけん・ゲーム 1 をし、1 から10までの数の言い方に出合う。 ③ミッシング・ゲーム 　1 〜10の数の言い方に慣れ親しむ。 ④ Let's Sing 　"Ten Steps" を歌い、1 〜10の数の言い方を十分に聞いたり言ったりする。	2．11から20までの数を聞いたり言ったりしよう ① Let's Sing 　"Ten Steps" を歌う。 ② Let's Watch and Think 　日本と外国の数の数え方の共通点や違いに気付く。 ③数を当てる・数える 　教師が持っているものの数を当てたり、紙面のものの数を数えたりし、11〜20の数の言い方に出合う。その後、デジタル教材を見せ、身の回りのものの数を数える。 ④ Let's Play 1 　おはじき・ゲームを通して、11〜20の数の言い方に慣れ親しむ。

本単元について

【単元の概要】

　本単元では、1 〜20の数の言い方や数を尋ねる表現を知り、友達と数を尋ね合う。子供の多くは、1 〜10の数を聞いたことがあったり、順に言ったりすることができるであろう。しかし、11〜20の言い方は、子供にとって難しいと考えられる。「好きな漢字を伝える」という単元のゴールに向けて、体験的な活動を通して慣れ親しませる。また、日本と外国の数の言い方や数え方の違い、共通点に気付かせ、日本と外国のつながりに興味・関心をもつとともに、様々な捉え方があり、それを認めようとする態度を育てたい。

【本単元で扱う主な語彙・表現】

《語彙》

　1 〜20、身の回りのもの、果物、野菜、形

《表現》

How many 〜?

《本単元のクラスルーム・イングリッシュ》

What's this?　What can you see?

What's missing?

Let's sing.　Let's play *ohajiki* game.

Clap 〜 times.

I like 〜.

単元の評価規準

[知識・技能]：１から20までの数や How many? などの語句や表現を用いて、数について尋ねたり答えたりすることに慣れ親しんでいる。

[思考・判断・表現]：互いのことを知り合うために、相手に伝わるように工夫しながら、１から20までの数や好きな漢字について、尋ねたり答えたりして伝え合っている。

[主体的に学習に取り組む態度]：互いのことを知り合うために、相手に伝わるように工夫しながら、１から20までの数や好きな漢字について、尋ねたり答えたりして伝え合おうとしている。

第3時	第4時
第3小単元（展開②）	第4小単元（まとめ）
数を尋ねたり答えたりする。	互いのことを知り合うために相手に伝わるように工夫しながら、数を尋ねたり答えたりする。
３．数を尋ねたり答えたりしよう① ① Let's Sing 　"Ten Steps" を歌う。 ② Let's Play 2 　じゃんけんゲーム2をし、11〜20の数の言い方にさらに慣れ親しむとともに、How many 〜? の表現に出合う。その後、クラップ・ゲームを通して、数の言い方や尋ね方に慣れ親しむ。 ③ Let's Play 3 　How many apples? クイズを通して、数や数を尋ねる言い方にさらに慣れ親しむ。 ④ Activity 1 　数を尋ねる表現を使って、同じ数のりんごを持っている友達を見付ける。	４．数を尋ねたり答えたりしよう② ①見通しをもつ 　漢字の画数についての教師の話から、最終の活動への見通しをもつ。さらに「どの漢字かな」を通して、漢字の画数を尋ねる表現に慣れ親しむ。 ② Let's Chant 　チャンツを言い、数を尋ねる表現に慣れ親しむ。 ③ Activity 2 　友達と好きな漢字やその理由を伝え合う。

【主体的・対話的で深い学びの視点】

　本単元の最終活動である「好きな漢字を伝え合う」に向けて、１から20までの数や数を尋ねる表現に体験的な活動を通して、十分慣れ親しませたい。「数を聞きたい、言いたい」という意欲を高めるために、他教科等と関連させるのも有効である。

　例えば、理科で学習した昆虫の足の数を尋ねた後、"How many dangomushi's legs?"（ダンゴムシの足の数は？）と尋ねるなどである。また、好きな漢字を伝え合う活動時に、国語科の「漢字の音と訓」の学びを生かし、"How many kun beats?""Two." などのやり取りを取り入れることも考えられる。

【評価のポイント】

　本単元では、１〜20の数を尋ねたり答えたりする様子を見取り、記録をしておく。授業中の見取りや振り返りカードに「数の言い方に自信がない」という記載がある場合は、歌やゲームの活動前に数の言い方を確認するなど、自信をもたせていく。

　特に子供にとって聞き慣れていない11〜20の言い方については、意図的にその数を何度も聞いたり言ったりできるよう、活動を工夫していく。

第1時 1から10までの数を聞いたり言ったりしよう

本時の目標

1から10までの数の言い方を知り、それらを聞いたり言ったりする。

準備する物

・1から10の数字カード（掲示用）
・身の回りのものの絵カード（掲示用）
・数の言い方の導入に使う消しゴムなど
・振り返りカード

本時の言語活動のポイント

Let's Play 2 のじゃんけん・ゲームを行った後に "How many circles？" と尋ねる。「何回勝ったのか、数えてみたい」という子供の意識とじゃんけん・ゲームの後という状況から How many? の意味を類推させる。また、全体に尋ねたり、一人一人に尋ねたりしながら1〜10の数の言い方に自然に出合わせていく。

【「聞くこと」の指導に生かす評価】

◎本時では、記録に残す評価は行わないが、目標に向けて指導を行う。子供の学習状況を記録に残さない活動や時間においても、教師が子供の学習状況を確認する。
・ミッシング・ゲームで数を聞いたり言ったりしている姿や振り返りカードの記述から見取る。

本時の展開 ▷▷▷

1 身の回りのものの言い方を知る

教師は、ポケットや袋の中に鉛筆や消しゴムなどを入れておき、それを触ったり振って音を聞かせたりしながら "What's this?" と問いかける。その後、Let's Try! 1 (p.10、11) にあるものや数について問い、身近なものの言い方にさらに出合わせる。

2 Let's Play 2 じゃんけん・ゲームをする

まず、教師と子供で英語でじゃんけんをし、その結果を書かせる。そして、"How many circles?" と、ジェスチャー（指を折って数えたり、円をつくって見せたり）を交えながら尋ね、1〜10の数の言い方に出合わせる。

3 ミッシング・ゲーム

活動のポイント ： 1 から 10 までの数の言い方をカードで掲示し、それを確認してから活動に入る。

はじめは全体で活動し、慣れてきたらグループで活動させると子供一人一人の発話する機会が多くなる。また、はじめは順番通りに数字を並べて行い、その後、数字をシャッフルして行うなどの工夫することで、より集中して活動できる。

3 ミッシング・ゲームをする

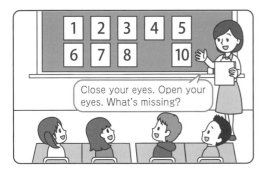

　1〜10のカードを黒板に掲示しながら、子供と数の言い方を確認する。その後、"Close your eyes." と言い目を閉じさせ、その間にカードを1枚取る。"Open your eyes." と言い目を開けさせ、なくなった数字を当てさせる。

4 Let's Sing
"Ten Steps" を歌う

　まず、音声を聞かせる。「歌えそうなところを歌ってみよう」と安心感を与えながら、徐々に歌える部分を増やしていく。慣れてきたら、数を1つ選ばせ、その数は言わずに手をたたくなど、歌い方に変化を付ける工夫をするとよい。

11から20までの数を聞いたり言ったりしよう

本時の目標

日本と外国の数の数え方の違いから、多様な考え方があることに気付いたり、1～20の数の言い方に慣れ親しんだりする。

準備する物

・1～20の数字カード（掲示用）
・身の回りのもの1～20個
・おはじきかおはじきに替わるもの
・デジタル教材
・振り返りカード

本時の言語活動のポイント

例えば、教師が握ったおはじきの数はいくつかを問うなど、第1時と同様に、子供が数を数えたいという場面や状況を設定する。そして、11～20の数に出合わせる。子供にとって聞き慣れていない数の言い方に出合う本時では、それらの言い方を楽しみながらくり返し聞いたり言ったりさせる。

ここでも How many? の表現を用いて、子供とやり取りをすることで、第1時で類推していた How many? の意味を確かなものにしていく。

【「聞くこと」の指導に生かす評価】

◎本時では、記録に残す評価は行わないが、目標に向けて指導を行う。子供の学習状況を記録に残さない活動や時間においても、教師が子供の学習状況を確認する。
・おはじきゲームでの様子や振り返りカードの記述を中心に見取る。

本時の展開 ▷▷▷

1 Let's Watch and Think

Let's Try! 1（p.12）にある6つの国旗からどこの国かを確認し、音声を聞かせる。日本語と似ている発音や日本語での数え方にも着目できるように工夫する。その後映像を見せ、数え方の違いにも気付くことができるようにする。

2 教師が持っているものやその数を当てる

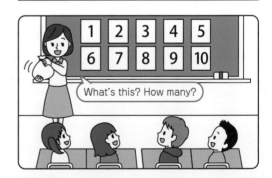

教師の持つ箱や袋の中にあるものやその数を予想して、答えさせる活動である。はじめは、1～10個のものを扱い、慣れてきたら11個以上のものを扱い、11以上の言い方に自然に出合わせていく。

4 おはじき・ゲーム

活動のポイント ：11 から 20 の数の言い方を確認してから活動に入る。

無作為に選ばれた数を認識しなければならず、子供にとって少し難しい活動となる。そこで、はじめは音声と同時に数字カードを見せるなどの手立てをするとよい。1 〜 10 の数字の言い方で子供が不安に思っている数や 11、12、13、15、20 のように言い方が難しい数も意図的に取り上げるようにする。

3 紙面にある身の回りのものの数を数える

"How many?" と尋ね、デジタル教材の画面を見せる。その後、画面を隠し、その数を予想させる。当たっているかどうかを確認するため、再度画面を見せ、みんなで数える。楽しみながら、何度も 1 〜 20 の数を聞いたり言ったりすることが大切である。

4 Let's Play 1
おはじき・ゲームをする

Let's Try! 1 （p.10、11）にある数字から 5 つ程度選び、おはじきを置くよう指示する。教師が無作為に選んだ数字の上におはじきがあれば、それを除いていく。ペアやグループで行うときは、誰のおはじきか分かるようにする必要がある。

第3時　数を尋ねたり答えたりしよう①

本時の目標

数を尋ねる表現に慣れ親しみ、数を尋ねたり答えたりして伝え合う。

準備する物

- 1〜20の数字カード（掲示用）
- タンバリンやカスタネットなど（教師用）
- 色鉛筆（児童）
- 振り返りカード

本時の言語活動のポイント

第1時から教師が用いてきた How many? の表現を、本時の最後の活動で、子供自らが使いやり取りをする。そのために、教師は数を尋ねるという場面や状況を設定したり、活動前に How many? の表現を子供とのやり取りの中で使用したりすることが大切である。

【「話すこと（やり取り）」の指導に生かす評価】

◎本時では、記録に残す評価は行わないが、目標に向けて指導を行う。子供の学習状況を記録に残さない活動や時間においても、教師が子供の学習状況を確認する。
- りんごの数を尋ね合う活動で数を尋ねたり答えたりしている姿や振り返りカードの記述を中心に見取る。

本時の展開　▷▷▷

1 Let's Play 2 じゃんけん・ゲームをする

前時で出合った11〜20の数の言い方について確認する。その後、第1時と同じように活動し、第1時の結果と照らし合わせる。数を尋ね答えるという場面がある中で How many? を用いて、子供とやり取りをすることを大切にする。

2 クラップ・ゲームをする

教師がタンバリン等でリズムをとりながら子供に "How many?" と、尋ねさせる。教師は "Five times." 等と数を答える。子供は、その数の分だけ数えながら手をたたいたり足踏みをしたりする。ここでは、子供がまだ不安に思っている数を意図的に取り上げるとよい。

4 りんごの数を尋ね合う

活動のポイント ：「りんごの数が同じ友達を見付ける」という目的を達成するために、数を尋ねる表現を用いることを意識させる。

デモンストレーションを見せ、その後全員で教師のりんごの数を尋ねてから、活動に移るようにする。どの子供も同じ数の友達が見付かるよう、塗る数を限定したり、1 回目は 10 個まで、2 回目は 11 〜 20 個で行うなどの工夫をする。

3 Let's Play 3 ：How many apples? クイズをする

　デジタル教材の画面を見せる。見せる時間は、学級の実態に合わせる。画面を隠した後、"How many apples?" と尋ねる。記憶を頼りに予想させ、数を数えたいという意欲を高め、再び "How many apples?" "Let's check." と言い、数を一緒に数える。

4 Activity りんごの数を尋ね合う

　Let's Try 1 (p.13) のりんごを塗る活動を行う。その後、同じ数のりんごを塗った友達をやり取りしながら見付けるように言う。自信をもって活動できるよう、教師が塗ったりんごの数をみんなで尋ねた後、子供同士の活動に移るなどの工夫をする。

数を尋ねたり答えたりしよう②

本時の目標

相手に伝わるように工夫しながら、数を尋ねたり答えたりして伝え合う。

準備する物

・1〜20の数字カード（掲示用）
・漢字を書いたカード（教師用）
・ワークシート
・振り返りカード

本時の言語活動のポイント

本単元の最終活動では、今まで聞いたり言ったりしてきた語彙や表現を使い、子供たちが好きな漢字を紹介し合う。好きな漢字を伝えたい、友達はどんな漢字を選んだのか知りたいという思いを高め、活動に移ることが大切である。そうすることで、子供たちは、コミュニケーションの楽しさを感じ、外国語活動の学習への意欲をさらに高めるであろう。

【「話すこと［やり取り］」の記録に残す評価】

◎本時では、Activity 2 で、"How many strokes?" "Eleven." などを用いて尋ねたり答えたりしている様子を3観点から見取り記録する。相手の答えに対して "Eleven?" とくり返したり、"Yes." と反応したりしている様子も記録しておく。

本時の展開 ▷▷▷

1 教師の話から最終活動への見通しをもつ

教師は好きな漢字等を見せ、"How many strokes?" と尋ねる。Strokes の意味を子供たちが推測できるよう、数を言いながら空書きするなど工夫する。名字や名前の漢字について子供たちとやり取りをし、最終活動への見通しをもたせる。

2 どの漢字かを当てる

同画の漢字をいくつか黒板に書いていく。代表の子供に1文字選ばせ、他の子供には何を選んだのか予想させる。"How many strokes?" とみんなで尋ね、画数を答えていく。はじめは、"How many strokes?" と教師が言い、慣れてきたら、子供たちだけで言うようにする。

4 Activity2：好きな漢字を紹介し合う

活動のポイント：友達がどんな漢字を選んでいるのか知りたいという意欲を高める。

A：Hello.
B：Hello. How many strokes?
A：9（Nine.）！
B：9？海かな？
A：Yes. 泳ぐのが好きだから。
B：I see. Thank you.

①友達の好きな漢字を知るだけでなく、友達の感じ方や考え方を知ることに楽しさを感じるようにしたい。
②学級の実態に応じて、社会科の「町探検」の単元と関連させて「自分たちの町を漢字で表すと」というような、テーマを設けて紹介し合うことも考えられる。

---

3 Let's Chant
"How many?" を行う

　1度聞かせた後、どんな言葉が聞こえたかを発表させる。再度聞かせ、全員で確認する。音声と一緒に言える部分から発話させるなど、無理なくチャンツが言えるような工夫をする。

4 Activity 2
好きな漢字を紹介し合う

　好きな漢字や画数、選んだ理由をワークシートに書かせ、紹介シートをつくらせる。そして、友達に画数を尋ね、好きな漢字を予想したり、答えや理由を聞いたりさせる。理由は、日本語で答えるようにするとよい。

Activity 2
好きな漢字を紹介し合う

第**4**時

活動の概要

　前時までに慣れ親しんできた1〜20の数の言い方や数を尋ねたり答えたりする表現を用いて、好きな漢字を伝え合う活動である。まず、教師が好きな漢字について子供とやり取りをしながら紹介し、活動の見通しをもたせる。友達の好きな漢字を知るために尋ね合うという必然性のある場面を設定し、意欲を高める。活動を通して友達の新たな一面を知り、互いの考えを尊重する態度も育てたい。

活動をスムーズに進めるための3つの手立て

①教師の話	②全体で練習	③コミュニケーション
教師の好きな漢字を話し、活動の見通しがもてるようにする。	自信をもって活動することができるよう、全体で練習する。	コミュニケーションのポイントを示したり、中間指導を行ったりする。

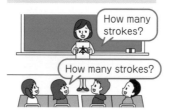

活動前のやり取り例

T　：I like this *kanji*.（漢字が見えないようにしてカードをもつ）

C1：何だろう。Hint, please.　　C2：画数を聞いてみようよ。

Cs　：How many strokes?

T　：Five（strokes）.

C1：白かな？ White?　　C2：虫？

T　：No. 本。I like reading.（本を読む真似をする）

C2：先生は、読書が好きなんだね。私と一緒だ。

活動前のやり取りのポイント

子供とのやり取りを通して、好きな漢字を予想するために How many strokes? を用いることを理解できるようにする。外国語活動が始まって間がない時期なので、子供は日本語で反応することが多いだろう。教師はできるだけ短い英語でジェスチャーなどを用いて話し、子供が意味を推測できるようにすることが大切である。

　互いの好きな漢字を知るために "How many stokes?" "Six (strokes)." とやり取りをした後、その理由を日本語で伝える、単元最後の活動である。これまでもペアで尋ね合う活動をしてきたが、好きな理由（自分の思いや考え）を伝えるのは、初めてである。日本語で伝えるとはいえ、今後の活動につながる大切なポイントである。互いの思いや考えを伝え合う楽しさを十分味わわせたい。

画数を尋ねるやり取り　　　　　　好きな漢字の理由を伝える

活動後のやり取り例

T　　：○○さん、How many strokes?
C 1：Four strokes.
T　　：Four strokes? Mmm…木？
C 1：No. 犬。
T　　：Oh, dog? Why?
C 1：テリーという犬を飼っていて、犬が好きだから。
T　　：You like dogs. Nice! I like dogs, too. Thank you.

活動後のやり取りのポイント

今後のやり取りで子供が用いることができるよう、教師は、Really?/I see./Me, too./Nice. 等の表現を表情豊かに言い、どのような状況で使う表現か、子供が推測できるようにする。また、子供が言ったことを簡単な英語で言い換えることも意図的に行う。「好きな漢字」から発展させ「自分の学級や町のイメージを漢字にすると」等のテーマでやり取りすることも考えられる。

I like blue.

（4時間）【中心領域】聞くこと、話すこと［やり取り］［発表］

単元の目標

互いのことをよく知り合うために、音声やリズムについて日本語と英語の違いに気付き、身の回りのものについて好みを聞いたり、好きかどうかを尋ねたり答えたりして伝え合う。

第1時	第2時
第1小単元（導入）	**第2小単元（展開①）**
多様な考え方があることに気付くとともに、色の言い方に慣れ親しむ。	英語と日本語との違いに気付くとともに、好みを表す表現に慣れ親しむ。
1．多様な考え方があることに気付き、虹の色を紹介しよう **①色を塗って自分の虹を完成させる** 紙面にある様々なものを指し、"What's this?" と尋ねながら最後に「虹」を指し、rainbow という言葉を子供から引き出す。白い虹に色を塗って自分の虹を完成させた後は、色の言い方を多く聞かせ、慣れ親しませる。 **②自分の虹を紹介する** Let's Watch and Think 1の映像を見せることで、世界の子供たちの虹と自分の虹とを比べながら、違いや共通点に気付かせる。自分の虹を紹介し合いながら、多様な表現があることに気付かせるとともに、お互いを認め合う雰囲気を大切にしたい。最後に "The Rainbow Song" を歌い、色の言い方に慣れ親しませる。	**2．色とスポーツの言い方を知り、自分の好きなものを伝えよう** **① Let's Listen 1：好みを表す言い方を知る** I like 〜. の表現に出合い、その意味を場面から推測させる。 **② Let's Listen 2：好みを表す表現を聞いたり言ったりする** Let's Chant（スポーツ編）を聞かせ、I don't like 〜. の場面を知り、場面からその意味を推測させる。 **③ビンゴ・ゲーム** 巻末にある色とスポーツの絵カードを使うことで、表現に慣れ親しませる。

本単元について

【単元の概要】

　本単元では、自分の好きなものや好きではないものについて互いに伝え合ったり、相手に伝わるよう工夫して自己紹介を行ったりすることをねらいとしている。

　3年生という発達の段階から考えて、徐々に友好関係が深まる時期であり、友達への興味・関心も高まる時期である。好みについて尋ね合う活動を通して、互いの理解を深め合い、友達と関わり合う喜びを味わわせる。子供たちが伸び伸びと自分の思いを話せるような、互いに認め合う雰囲気を大切にする。

【本単元で扱う主な語彙・表現】

《語彙》

like, do, not, don't, too

色（red など）、スポーツ（soccer など）、飲食物（ice cream など）、果物・野菜（onion など）

《表現》

I like 〜. Do you like 〜? Yes, I do. No, I don't.
I don't like 〜.

《**本単元のクラスルーム・イングリッシュ**》

・What's this?　　　・Let's color the rainbow.
・How many bingo?　・Any volunteers?
・Let's draw a circle.（triangle）・Please guess.

単元の評価規準

[知識・技能]：音声やリズムについて外来語を通して日本語と英語の違いについて理解し、それらを使って、色の言い方や、好みを表したり好きかどうかを尋ねたり答えたりする表現に慣れ親しんでいる。

[思考・判断・表現]：自分のことを知ってもらうために、相手に伝わるように工夫しながら、自分の好みを伝え合っている。

[主体的に学習に取り組む態度]：自分のことを知ってもらうために、相手に伝わるように工夫しながら、自分の好みを伝え合おうとしている。

第3時	第4時
第3小単元（展開②）	第4小単元（まとめ）
好きかどうかを尋ねたり答えたりする表現に慣れ親しみ、自分の好みを伝え合う。	互いのことをよく知り合うために、相手に伝わるように工夫しながら自分の好みを伝え合おうとする。
3．好きかどうかを尋ねたり答えたりしよう ① Let's Listen 3：好きかどうか尋ねる表現を知る 　ALTとデモンストレーションを行った後、数名の子供にも尋ね、表現に慣れさせる。Let's Listen を聞かせた後、ペアでのやり取りで意欲を高める。 ② Let's Watch and Think 2 　登場人物の好みを予想させてから視聴することで、視聴する必然性をもたせる。 ③ クイズ・Let's Play 　代表者を前に出し、好みを予想してから全員で尋ねる。Let's play では、全員で自由に尋ね合うことで、活動の幅を広げ、次時への意欲を高める。	4．相手に伝わるように工夫しながら自分の好みを紹介しよう ① Let's Chant（色編）（スポーツ編）（QA編）・Small Talk 　チャンツでウォーミングアップをした後、数名の子供に "Do you like 〜?" と尋ね、本時の活動へとつなげる。 ② Activity 2：好みについて自己紹介する 　ワークシートに自分の好みについて絵や言葉で表し、自己紹介カードを作成する。その後、4〜5人のグループで、1人ずつ自己紹介させる。最後は、代表者数名が全体の前で発表する。

※本単元における「聞くこと」については、目標に向けて指導は行うが、記録に残す評価は行わない。

- -

【主体的・対話的で深い学びの視点】

　本単元で、子供たちは初めて好みを表す表現と出合う。導入場面で、虹に好きな色を塗る活動から、自分の好きな色を紹介する言語活動へと自然に移行していく。扱われる語彙は、子供たちにとって身近なスポーツや食べ物など興味を引くものであることから、自分のことを話したいという思いが高まってくると考える。チャンツやゲームも活用してくり返し表現を言うことを通して慣れ親しませ、終末のインタビューや自己紹介時には、「友達に自分のことを知らせたい」「友達のことを知りたい」という思いを高めて交流できるようにする。

【評価のポイント】

　第1時で自分の虹の色を紹介している様子、第2時で好みを表す表現を聞いたり言ったりしている様子を観察し、学習状況を把握しておく。第3時では、Let's Listen 後のペアで尋ね合っている様子に加え、Let's Play で、好みについて相手や尋ねる内容を自己決定して尋ねたり答えたりしている様子から評価を行う。さらに、第4時の自己紹介の場面では、中間指導で互いのことをよく知り合うために工夫している子供を紹介したり、「相手に分かりやすく伝えること」を学級で共通理解したりし、目標に沿って見取るようにする。

多様な考え方があることに気付き、虹の色を紹介しよう

本時の目標

多様な考え方があることに気付くとともに、色の言い方に慣れ親しむ。

準備する物

・振り返りカード
・色の絵カード（掲示用）
・色鉛筆（児童用）

本時の言語活動のポイント

Let's Watch and Think を視聴させる前に、外国の子供たちはどのような虹を描くのか、子供の興味・関心を高めることが大切である。視聴中も自分たちの描いた虹と映像で出てくる虹とを比べながら色の名前を一緒に言ったり、「自分の虹と似ている」などのつぶやきを取り上げたりすることで、自分の虹についても紹介したいという気持ちを高めるようにする。視聴後は、代表者の虹を例に、みんなで一緒に紹介の仕方を共有した上で、ペア活動を行う。

【「話すこと［やり取り］」の指導に生かす評価】

◎本時では、記録に残す評価は行わないが、目標に向けての指導を行う。
・映像資料で、世界の子供たちが虹を描く様子などを視聴することで、自分たちの作品との違いや共通点に気付かせ、自分たちの虹について紹介している様子を観察し、見取る。

本時の展開 ▷▷▷

1 Activity 1
自分の虹を完成させる

導入で紙面にある様々なものの絵を指しながら、"What's this?" と尋ね、"Rainbow" という言葉を引き出す。次に、"Let's make your original rainbow." と呼びかけ、"Let's color." と手で色を塗るジェスチャーをしながら指示の意味を理解させる。

2 Let's Watch and Think 1
映像資料を視聴する

子供の虹が完成したところで、色の言い方を聞かせたり、塗った色を尋ねたりして慣れ親しませる。Let's Watch and Think 1 で世界の子供たちの虹を描く様子を視聴させ、自分たちの作品との共通点や相違点に気付くよう言葉かけをする。

3 自分の虹を紹介する

活動のポイント：数名の虹の紹介を聞く活動から、ペアで紹介し合う活動へ

数名で虹の紹介を聞く

ペアで紹介する

3 自分の虹を紹介する

　数名の子供の虹を取り上げ、その子供と一緒に全員で色の名前を確認しながら話すことで、紹介の仕方のモデルを見せる。その後、同様にペアで紹介し合う。

4 好きなものを表す表現を知る

　教師から、I like 〜. という表現を聞かせ、子供に "Yes? No?" と問いかける。その後、"I like red?" と言いながら、挙手をさせるようなジェスチャーとともに、"Oh, you like red." と話し、その他の色についても同様に確認する。最後に "The Rainbow Song" を一緒に歌う。

色とスポーツの言い方を知り、自分の好きなものを伝えよう

本時の目標

色やスポーツの言い方を知り、好みを表す表現に慣れ親しむ。

準備する物

・児童用絵カード（色・スポーツ）
・振り返りカード
・スポーツの絵カード（掲示用）
・色の絵カード（掲示用）
・顔マーク（掲示用）

本時の言語活動のポイント

I like 〜. I don't like 〜. の表現に慣れ親しませるために、子供にとって身近なスポーツの話題を取り上げる。教師の話を聞きながら意味を理解させるだけでなく、"You like soccer?" などと数名に尋ね、自分と比べながら聞かせたり、Let's Listen 2 の後で全員に挙手をさせたりすることで、自分の思いを表現させることを大切にする。最後にビンゴ・ゲームを行い、楽しい雰囲気の中で聞いたり話したりする必要感をもたせて、表現に慣れ親しませる。

【「話すこと［やり取り］」の指導に生かす評価】

◎本時では、記録に残す評価は行わないが、目標に向けての指導を行う。
・教師または音声による表現を聞き、その後、自分の思いを挙手する場面や、ビンゴ・ゲームで表現を話したりする場面の様子から慣れ親しんでいる状況を見取る。

本時の展開 ▷▷▷

1 ミッシング・ゲームを行う

導入で、"The Rainbow Song" を歌った後、黒板に掲示してある色の絵カードでミッシング・ゲームを行い、色の言い方を思い出させる。その際、「レッド？ Red?」などのように尋ね、日本語の片仮名と英語の音の違いを意識させるようにする。

2 Let's Listen 1
好きなものを表す表現を知る

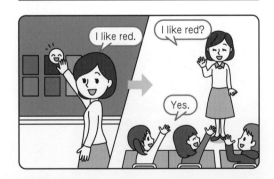

黒板の赤色カードを指しながら、"I like red." と話し、笑顔の顔マークを貼る。子供に向かって "I like red?" と呼びかけながら挙手を促す。全ての色について確認したら Let's Listen 1 を聞かせる。その後、Let's Chant（色編）で表現に慣れさせる。

4 ビンゴ・ゲームを行う

活動のポイント：1人ずつ I like 〜. I don't like 〜. の表現を言うようにする。

※ 10名程度発表したところで1セット終了
とし、できれば全ての子供たちに言わせ
たい

I don't like green.

I like baseball.

あったー！

How many bingos?

Three.

Five.

---

3 Let's Listen 2
好きではないものを表す表現を知る

I don't like swimming.

You like soccer?

I like soccer.

　スポーツの絵カードを見ながら I like 〜. I don't like 〜. と表情やジェスチャーを付けて話し、笑顔／悲しい表情の顔マークを掲示する。数名の子供に尋ね、自分の思いをもたせながら Let's Listen 2 を聞かせるようにする。Let's Chant（スポーツ編）で表現に慣れさせる。

---

4 ビンゴ・ゲームを行う

Let's play Bingo game!

Take out color and sport cards.

　児童用絵カード（色・スポーツ）を使用し、縦横4枚ずつ計16枚を各自で並べる。1人ずつ "I like blue." "I don't like swimming." などと言わせ、言われたカードを裏返していく。I like〜. I don't like 〜. の表現をくり返し聞くことで、色や好みを表す表現に慣れ親しむようにする。

好きかどうかを尋ねたり答えたりしよう

本時の目標

好きかどうかを尋ねたり答えたりする表現に慣れ親しみ、自分の好みを伝え合う。

準備する物

- ・振り返りカード
- ・色・スポーツの絵カード（掲示用）
- ・食べ物・野菜の絵カード（掲示用）
- ・顔マーク（掲示用）

本時の言語活動のポイント

Let's Listen 3 や Let's Watch and Think 2 の前後で絵カードを示しながら子供に "Do you like 〜?" と尋ねたり、全体に問いかけ挙手させたりするなど、くり返し表現を聞かせて慣れ親しませる。Let's Watch and Think 2 では、尋ねる前に予想をさせることで、視聴する目的意識をもたせるようにする。子供は Yes. や No. だけで答えることも多いと予想されるが、教師が "Oh, you like red." などと続け、相手への反応の仕方を見せるようにする。

【「話すこと［やり取り］」の記録に残す評価】

◎好きかどうかを尋ねたり答えたりしている。（行動観察）
・友達の好みについて尋ね合っている様子を3観点から見取り、評価の記録を残す。

本時の展開 ▷▷▷

1 Let's Listen 3
好きかどうかを尋ねる表現を知る

ALT に "Do you like 〜?" と尋ねる。2種類の顔マークを掲示しておき、その下に絵カードを貼っていく。子供たちにも尋ね、1人の子供が答えた後、全体にも "Yes?/No?" と尋ね、広げていく。Let's Listen 3 の後にもペアでやり取りさせて、意欲を高める。

2 Let's Watch and Think 2
画面に向かってみんなで尋ねる

Let's Watch and Think 2 に出てくる一つ一つの言葉について "What's this?" と尋ねながら確認していく。登場人物の好みについて〇か×で予想を記入させた上で、映像に向かって全員で "Do you like 〜?" と尋ね、登場人物の返事に注目させる。

4 Let's Play：インタビューをする

活動のポイント：子供にインタビューした結果が板書に残るようにし、友達の一面に気付いたり、共通点を見付けたりできるようにしていく。

3 ○×クイズをする

Let's Chant（スポーツ・QA 編）で表現に慣れさせた後、代表の子供を前に立たせ、○×クイズを行う。全員で尋ねたいことを決めて好みを予想させる。数名程度くり返して行い、必要感をもって Do you like 〜? の表現に慣れ親しませるようにする。

4 Let's Play
インタビューをする

ペアで尋ね合った後、インタビューシートに尋ねる相手と内容を決めてインタビューをする。まずは、相手の答えを予想し、知りたいという気持ちを高めて、インタビューを行う。終了後は、全体の場で活動を振り返ったり、シートに記入したりして、次時の活動につなげる。

第4時 相手に伝わるように工夫しながら 自分の好みを紹介しよう

本時の目標

相手に伝わるように工夫しながら自分の好みを紹介しようとする。

準備する物

・自己紹介カード
・振り返りカード
・色・スポーツの絵カード（掲示用）
・果物・野菜の絵カード（掲示用）

本時の言語活動のポイント

自己紹介を行う際に相手に分かりやすく伝える工夫としてどんな方法が考えられるか、子供とのやり取りで引き出していく。まずは、聞き取りやすい声で話すこと、相手を見て話すこと、シートを指さしながら話すこと、そして、I don't like 〜. のときに手を顔の前で振るジェスチャーなど、いくつかの例を紹介してから各自の練習に入らせたい。グループ発表の間は、各グループを回って歩き、工夫して話している子供を探して全体に紹介することで、全ての子供に意識させる。

【「話すこと［発表］」の記録に残す評価】

◎自分のことを知ってもらうために、相手に伝わるように工夫しながら、自分の好みを伝え合っている。
・子供が自分の好みについて自己紹介している様子を3観点から見取り、評価の記録を残す。

本時の展開 ▷▷▷

1 Let's Chant（色編）（スポーツ編）（QA編）・Small Talk

チャンツで表現を振り返った後、"Do you like 〜?" と数名の子供に尋ねる。"Yes, I do." の場合、自己紹介カード上段部分を指しながら、"You like 〜." と話し、"No, I don't." と答えたら下段部分を指し示し、"You don't like 〜." と話すことでカードに記入する内容について確認する。

2 Activity 2 自己紹介カードを作成する

自分の好きなものや好きでないものについて絵や言葉で表し、自己紹介カードを作成する。黒板にこれまで学習した絵カードを掲示しておくことで、困ったときにヒントとして見られるようにしておく。

3 Activity2：自分の好みについて自己紹介をしよう

活動のポイント ：グループ活動の途中で、相手に伝わるように工夫して話している子供を紹介する

※グループ発表の途中で、工夫して話している子供を紹介する。

I don't like onions.

I like 〜.

うんうん

へえー。

※話す人も聞く人にも相手意識をもたせたい。

3 Activity 2
自分の好みについて自己紹介をする

Hello. I'm 〜.
I like ice cream and pudding.
I don't like 〜.
Thank you.

　教師が話し方のモデルを示し、自己紹介の仕方を理解させる。4・5人のグループで1人ずつ自己紹介を行う。途中で活動を一旦止め、工夫して話している子供を紹介したり、各グループから代表者を選出し、全体の場で発表させたり全員で代表者に尋ねたりする。

4 本時の振り返りをする

うまく話せてよかった

誰が話し方を工夫していたかな？

　本時の活動を振り返り、話し方を工夫していた友達や、自己紹介を終えての感想を交流する。交流後、各自振り返りカードに記入し、自分自身の活動を振り返らせる。到達状況が十分でないと判断される子供については、これ以降も個別支援を行い学習改善の状況を観察する。

✏️ 本単元の Key Activity

第3時 Let's Play：インタビューをする

活動の概要

　Let's Listen 3、Let's Watch and Think 2 に続いて〇×クイズを行い、代表者について答えを予想させた後、全員で尋ねる。その後、Let's Play でペアで尋ね合う活動を行い、全体でのインタビュー活動へと広げる。スモールステップで進めていくことが、インタビュー活動に不安を感じている子供への手立てとなる。インタビュー活動では、答える内容を自己決定させたり、相手の答えを予想させたりして、相手意識や目的意識をもたせて主体的に取り組めるようにする。

活動をスムーズに進めるための 3 つの手立て

①掲示物	②教師の提示の仕方	③インタビューシート
Let's Listen 3 から Let's Watch and Think 2 へと絵カードを増やし、徐々に語彙を増やしていく。	ALT とのやり取りの後、子供に "Do you like 〜?" と 1 人ずつ尋ねながら、くり返し表現を聞かせる。	インタビューシートを用意することで、事前に相手や内容をある程度決めさせ、意欲を高める。

活動前のやり取り例

T 　：Please guess. Let's draw a circle or a triangle.

C 全：（予想したことを丸や三角で描く）

T 　：Let's ask together.

C 全：（映像を見ながら）Do you like base-ball?
　　　（登場人物の答えを聞く）…全ての挿絵

についてくり返し尋ね、答えを確認する。

T 　：（絵カードを全体に見せながら、代表者への質問内容を決めさせる）OK. Please guess. Yes, or No?（手で〇か×かのジェスチャーをする）Let's ask together.

C 全：Do you like 〜?

活動前のやり取りのポイント

映像の登場人物に予想した上で問いかけ、答えに興味をもたせたり、代表の子供に尋ねる前にジェスチャーで予想を表したりするなどの過程を大切にしながら、友達のことを知る楽しさに気付かせ、子供の興味・関心を高めていく。

活動のポイント

　まずは、ペアでやり取りをすることでインタビューの流れをつかませる。次に、インタビューシートに尋ねる相手と、その人が好きそうなものを予想し尋ねる内容を決めていく。2〜3人程度決めた後は、その場で自由に相手を決めてよいことを伝える。インタビュー活動中は、教師が子供たちの様子を見て回り、適宜指導する。

ペアで尋ね合わせる　　　　インタビューシートに尋ねる相手と内容を決める

活動後のやり取り例

T：インタビューをしてみて、予想は当たっていましたか。

C：○つ当たっていました。

T：誰にどんな質問をしたか、紹介してくれる人はいますか。

C：はい。Aさんに、"Do you like baseball?" と聞きました。

T：なるほど。Aさんは、野球が得意だからですね。尋ねる相手のことをよく考えて質問することができましたね。質問をしたら、"No, I don't." と言われた人はいますか。

C：Bさんに "Do you like pudding?" と聞いたら、"No, I don't." と言われてびっくりしました。

T：Bさんが、プリンが好きではないことを初めて知ったんですね。友達のことが今まで以上によく分かってきましたね。次回は、自分のことを紹介してみましょう。I like 〜. だけでなく、I don't like 〜. についても考えてきてくださいね。

活動後のやり取りのポイント

インタビュー後、子供たちは予想が当たっていた数で喜んだり友達と比べたりしがちである。大切なことは、コミュニケーションを通して今まで知らなかった友達の一面に気付いたり、互いの共通点を見付けたりすることであることを、子供たちに指導する。また、あえて No, I don't. の内容についても取り上げることで、次時の自己紹介へとつなげる。

5 What do you like?

（4時間） 【中心領域】聞くこと、話すこと [やり取り]

単元の目標

相手のことをよく知ったり自分のことをよく知ってもらったりするために、日本語と英語の音声の違いに気付き、身の回りのものについて、相手に伝わるように工夫しながら何が好きかを尋ねたり答えたりして伝え合う。

第 1 時	第 2 時
第 1 小単元（導入）	第 2 小単元（展開①）
日本語と英語の音声の違いに気付き、身の回りのものについて何が好きか尋ねたり答えたりする。	身の回りのものについて、何が好きかを尋ねたり答えたりする。
1．身の回りのものの言い方を知ろう ① Small Talk 　教師の話から活動への見通しをもつとともに、身の回りのものの言い方を知る。 ② Let's Play：おはじきゲーム 1・2 　ゲームを通して、初めての語彙に慣れさせていく。何度も聞かせ、日本語と英語の音声の違いに気付かせるようにする。 ③ Let's Chant："What do you like?" 　まずは聞かせて、聞こえた語を言わせるなどして子供の興味をひき、音声に合わせてチャンツを言う。	2．何が好きかを尋ねたり答えたりしよう ①何が好きかを伝える 　子供とやり取りをして、前時の食べ物などの絵カードを黒板に掲示する。その後、What do you like 〜? Do you like 〜? を使ってやり取りをする。 ② Let's Chant："What do you like?" ③ Let's Listen 　それぞれの登場人物が好きなものを予想させ、音声を聞かせる。 ④ Activity 1：インタビュー 　友達の好きなものやスポーツを予想して尋ね合わせることで、尋ねる必然性をもたせる。

本単元について ....

【単元の概要】

　本単元では、前単元に続き、「好きなもの」を題材とし、「あるカテゴリーの中から、何が好きかを尋ねる」表現に慣れ親しむ。同時に、スポーツ、飲食物、果物・野菜などに関して、多くの語と出合い、これまで以上に「やり取り」の楽しさを味わえる単元になると思われる。新しい学級にも徐々に慣れ、友達とのつながりが深まりつつある時期であるという実態を踏まえ、自分や友達への新たな気付きや関係づくりを促すきっかけになることが期待される。

【本単元で扱う主な語彙・表現】
《語彙》

what, color, スポーツ（sport: volleyball, table tennis）, 飲食物（food: hamburger, pizza, spaghetti, steak, salad, cake, noodle, egg, rice ball, jam）, 果物・野菜（fruits: grapes, lemon, pineapple, peach, melon, banana, kiwi fruit）

《表現》

What do you like? I like (tennis).

What (sport) do you like? I like (soccer).

《本単元のクラスルーム・イングリッシュ》

Look at the textbook. Let's play Missing game.

Walk around the classroom and ask your friends.

[知識・技能]：身の回りのものの言い方や What do you like? I like 〜. の表現について理解しているとともに、これらの表現を用いて、名前や好きなもの・ことなどについて、聞いたり、伝え合ったりする技能を身に付けている。

[思考・判断・表現]：相手のことをよく知ったり自分のことをよく知ってもらったりするために、名前や好きなもの・ことなどについて、聞いたり、伝え合ったりしている。

[主体的に学習に取り組む態度]：相手のことをよく知ったり自分のことをよく知ってもらったりするために、名前や好きなもの・ことなどについて、聞いたり、伝え合ったりしようとしている。

第3時	第4時
第3小単元（展開②）	第4小単元（まとめ）
何が好きかを尋ねたり答えたりして伝え合う。	相手に伝わるように工夫しながら、好きなもの・ことについて尋ねたり答えたりしようとする。
3．何が好きかを尋ねたり答えたりして伝え合おう ① Let's Chant："What do you like?" ②誰が何を好きかを聞く 　これまでに慣れ親しんだ語彙や表現を用いて活動を行う。 ③ Let's Watch and Think 　登場人物の好きなものを予想し、尋ねる活動を通して、表現に慣れ親しませる。 ④ Activity 2 ：インタビュー 　学級の中で人気のあるものを調べるために、友達に尋ねたいカテゴリーを決める。尋ねたいカテゴリーを学級全体で紹介しながら、数字や色など子供自身が知りたいという思いを大切にする。この活動は次時につながるものである。	4．好きなもの・ことについて尋ねたり答えたりしよう ① Let's Chant："What do you like?" ② Activity 2 　学級の中で人気のあるものを調査するためにたくさんの友達にインタビューさせる。途中で活動を止め、前半の活動の中で工夫した点や困っていることを全体で共有し、解決方法を考えさせる。 ③好きなものランキング 　インタビューの結果を交流してランキングをつくり、子供同士の相互理解を深め、仲間づくりにつなげる。

※本単元における「聞くこと」については、目標に向けて指導は行うが、記録に残す評価は行わない。

【主体的・対話的で深い学びの視点】

　「学級の中で一番人気があるものは何か」という問いをすることで、子供に「調べるためにたくさんの友達にインタビューしよう」という目的意識をもたせるようにする。子供の興味・関心に応じて、学級の人気を調べる活動を通して、外国語を使って分かり合えた喜びや、相手に伝えられた思いを感じることができると考える。収集した情報をもとに結果をまとめながら、友達との相互理解を深め、コミュニケーションの大切さや楽しさなどを体験的に感じ取らせるようにする。

【評価のポイント】

　本単元では、学級の友達の好きなものをたくさん聞こうと意欲をもってインタビューをしているか、相手に伝わるように工夫しているかが評価のポイントとなる。第4時の Activity 2 では、工夫している姿やよい例を紹介するなどして、子供たちが具体的な姿をイメージできるようにすることが大切である。また、前単元の様子から、目標への到達が難しいことが予想される子供がいる場合は、個別に支援するなどしながら、学習改善の状況を継続的に確認するようにする。

身の回りのものの言い方を知ろう

本時の目標

　日本語と英語の音声の違いに気付くとともに、身の回りのものの言い方や何が好きかを尋ねる表現を知る。

準備する物

・児童用絵カード
・振り返りカード
・スポーツの絵カード（掲示用）
・果物・野菜の絵カード（掲示用）

本時の言語活動のポイント

　前単元に続き、「好きなもの」が題材となる。紙面にはカルタの絵カードとして示されている多くの語は、子供たちが普段外来語として触れているものである。そのため、日本語と英語の音声の違いやその面白さにも気付き、身近なものから多くの新しい語と出合い、使用する表現も豊かになる。これまで以上にやり取りの楽しさが味わえる単元となる。教師の話ややり取りからたくさんの語に出合わせ、友達の好きなものへの興味をもたせたい。

【「話すこと［やり取り］」の指導に生かす評価】

◎本時では、記録に残す評価は行わないが、目標に向けて指導を行う。子供の学習状況を記録に残さない活動や時間においても、教師が子供の学習状況を確認する。
・教師と ALT 等との会話や子供とのやり取りを通して、好きなものについての話を聞き、カテゴリー別に様々な単語に慣れ親しむ活動等を中心に見取る。

本時の展開　▷▷▷

1　Small Talk：活動への見通しをもち、身の回りのものの言い方を知る

　前単元で学習した Do you like 〜? を使って、紙面の食べ物について、教師と ALT、または子供とやり取りをする。Do you like 〜? No, I don't. のくり返しでは好きなものにたどり着けないため、What 〜 do you like? を使う。子供を巻き込みながら題材への興味を高める。

2　Let's Play　おはじきゲーム 1 をする

　黒板に教師用絵カードを掲示し、語を紹介し、黒板で実演しながら活動内容を理解させる。子供たちは紙面から 5 つ程度の絵を選び、おはじきを置く。教師が言った語におはじきがあれば、取る。何度も聞いたり真似て言ったりし、日本語との音声の違いに気付かせる。

2 3 おはじきゲーム 1・おはじきゲーム 2

活動のポイント : What do you like? から What sport do you like? などを通して、
カテゴリー別に表現に慣れさせる。

---

3 Let's Play
おはじきゲーム 2 をする

黒板の教師用カードをカテゴリー別に分け、カテゴリー別に What 〜 do you like? I like 〜. の表現に慣れ親しませるようにする。全体に "What 〜 do you like?" と尋ねた後、カテゴリー別に絵におはじきを 1 〜 3 つ置き、教師や子供の答えたカードのおはじきを取っていく。

4 Let's Chant
"What do you like?" をする

まず、音声だけを聞かせて、聞こえた語彙や表現を言わせるなどして子供たちの興味をひく。先ほど行ったゲームの中で使った語彙や表現があることに気付かせる。その後、音声に合わせてチャンツを言う。

何が好きかを尋ねたり答えたりしよう

本時の目標

身の回りのものの言い方や、何が好きかを尋ねたり答えたりする。

準備する物

・児童用絵カード
・振り返りカード
・スポーツの絵カード（掲示用）
・果物・野菜の絵カード（掲示用）

本時の言語活動のポイント

前時で扱った語彙や表現を実際に使いながら、少しずつ慣れ親しむ時間になる。教師や友達など、相手との相互理解を深めるために、相手がどんなことに興味をもち、何が好きなのかを知り、自分との違いを受け入れることが大切である。また、相手の答えを予想させることによって、「それを確かめよう」という必要感をもって聞いたり相手に尋ねたりする活動に、主体性に取り組めるようにする。

【「話すこと［やり取り］」の指導に生かす評価】

◎本時では、記録に残す評価は行わないが、目標に向けて指導を行う。子供の学習状況を記録に残さない活動や時間においても、教師が子供の学習状況を確認する。

・ゲームやチャンツ等様々な活動を通して、集団と１人、ペア活動などで発話する機会を個人のやり取りになるように形態を変え、発話している状況を見取る。

本時の展開 ▷▷▷

1 何が好きかを伝える

I like ～. Do you like ～? What food/fruit/sport do you like? の表現を使って、やり取りをしながら、前時の食べ物などの絵カードを黒板に掲示し、その言い方を確認した後、ミッシング・ゲームを行う。

2 Let's Chant "What do you like?" をする

前時のチャンツを想起させ、どんな表現が出てきたかを思い出させる。色・果物・食べ物の３つのカテゴリーのうち、授業のねらいや学級の実態に応じてチャンツを選ぶ。チャンツ後、出てきた語彙や表現を子供から引き出す。慣れてきたら、子供が語彙を選び置き換えて行う。

4 Activity 1

活動のポイント：友達の好きなものを予想させコミュニケーションの必然性をもたせる。

友達の好きなものを予想する　　　　　　**何が好きか尋ね合う**

普段の友達の様子を踏まえて、好きなものを予想することで、コミュニケーションを行う目的や場面、状況などが明確になる。そのため、子供たちが主体的にやり取りできる活動となり、友達との相互理解が深まってくる。

3 Let's Listen をする

　登場人物の好きなものを予想させてから、音声を聞かせる。子供の実態に応じて1問ずつ聞かせたり、聞かせた後に教師が再度ゆっくり言ったりする。本活動で聞くやり取りは、本単元の最終活動につながるものであり、本活動後、その話題で数名とやり取りする。

4 Activity 1 をする

　隣同士や前後など、ペアの相手を限定し、普段の様子から友達の好きなもの（果物、色、スポーツ）を予想させた上で、尋ね合わせる。うまく言えなかったことや聞き取れなかったこと等を全体で取り上げ、次時以降の学習意欲につなげる。

第3時 何が好きかを尋ねたり答えたりして伝え合おう

本時の目標

何が好きかを尋ねたり答えたりして伝え合う。

準備する物

・児童用絵カード
・振り返りカード
・スポーツの絵カード（掲示用）
・果物・野菜の絵カード（掲示用）

本時の言語活動のポイント

学級全体でのインタビューの準備の時間である。まずは「誰が何を好きかを聞こう」やLet's Watch and Think で表現をくり返し言ったり聞いたりして慣れ親しませる。機械的なくり返しにならないように、子供が「伝えたい」「言いたい」と思うような状況を設定する。また、次時には学級の好きなものランキングをつくることを告げ、その予想をし、自分が調べたいカテゴリーを決めることで、次時への意欲を高める。

【「話すこと［やり取り］」の指導に生かす評価】

◎本時では、記録に残す評価は行わないが、目標に向けて指導を行う。子供の学習状況を記録に残さない活動や時間においても、教師が子供の学習状況を確認する。
・ステレオ・ゲームや Let's Watch and Think において、何が好きか尋ねたり答えたりする表現を聞いたり言ったりしている状況を見取る。

本時の展開 ▷▷▷

1 Let's Chant "What do you like?" をする

色・果物・食べ物の３つのカテゴリーのうち、授業のねらいや学級の実態に応じてチャンツを選ぶ。チャンツを言った後、出てきた語彙や表現を子供たちから引き出す。慣れてきたら、子供に言いたいカテゴリーを選ばせ、それに置き換えて行う。

2 誰が何を好きかを聞こう

これまで学習した food, fruit, sport のカテゴリーの他に数字や色など様々なカテゴリーを扱う。次時のインタビューにつなげるためにカードにはないカテゴリーにも挑戦させる。カテゴリー別に What 〜 do you like? I like 〜. の表現に慣れ親しませることがねらいである。

2 誰が何を好きかを聞こう

活動のポイント ： 前時までのカテゴリーから今までに扱っていないカテゴリーまで
様々なカテゴリーを扱う。

いろいろなカテゴリーについて教師が質問する。
前に出てきた子供が一斉に答える。
他の子供は、誰が何を好きか聞き取る。

次時につなげるために
➡ 好きなものランキング予想

色

食べ物

■自分で尋ねたいカテゴリー
アニメ・キャラクター・おやつ
芸能人・テレビ番組・スポーツ

---

3 Let's Watch and Think をする

　登場人物の好きなものを予想し、学級全体で
"What 〜 do you like?" と尋ねる形式で、映像
を視聴する。尋ねる必要感をもち、表現に慣れ
親しむことがねらいである。また、映像でのや
り取りを使って、数名の子供に尋ねたり答えた
りさせることで、次の Activity 2 につなげる。

---

4 Activity 2 をする

　扱う語彙で仲間づくりをし、カテゴリーを確
認する。尋ねたいカテゴリーを学級全体で確認
する。食べ物と色は今まで使用した絵カードの
中からランキングをつくることを告げ、予想ラ
ンキングをつくり、次時への期待を高める。

好きなもの・ことについて尋ねたり答えたりしよう

本時の目標

互いをよく知るため、相手に伝わるように工夫しながら、好きなものについて尋ねたり答えたりしようとする。

準備する物

・児童用絵カード
・振り返りカード
・スポーツの絵カード（掲示用）
・果物・野菜の絵カード（掲示用）

本時の言語活動のポイント

学級の人気ランキングをつくるという目的をもたせることで、子供の活動意欲を高めるようにする。子供たちが決めたカテゴリーに対して、どういう結果が出るかを予想させた上で、インタビューをさせる。また、活動を前半と後半に分け、間に中間指導を行う。うまく伝えられなかったことや聞き取れなかったこと等を取り上げながら、その解決方法や相手に伝わる工夫等を学級全体で共有することで、後半の活動につなげる。

【「話すこと［やり取り］」の記録に残す評価】

◎自分のことを伝え、相手のことをよく知るために、友達と好きなもの・ことについて、尋ねたり答えたりしようとしている。〈行動観察〉

・好きなものについて尋ねたり答えたりしている様子を3観点から見取り、評価の記録を残す。

本時の展開 ▷▷▷

1 Let's Chant、Activity 2 をする〈前半〉

Activity 2 では、食べ物と色については今まで使ったカードの中から選ばせてランキングをつくる。前時の予想ランキングと自分の調べたいカテゴリーを確認する。学級の中で人気のあるものを調査するために、たくさんの友達にインタビューさせる。

2 中間指導を行う

前半の活動で、確認したりくり返したりするなど相手に伝わるように工夫しながらインタビューしている子供の姿を見取り、紹介する。また、うまく伝えられなかったことや聞き取れなかったこと等を取り上げながら、その解決方法についても学級全体で共有する。

Let's Try! 1／**Unit 5** 〔板書のポイント〕: 学級の中の好きなものランキングの予想ランキング
を掲示する。相手に伝えるための工夫を掲示する。

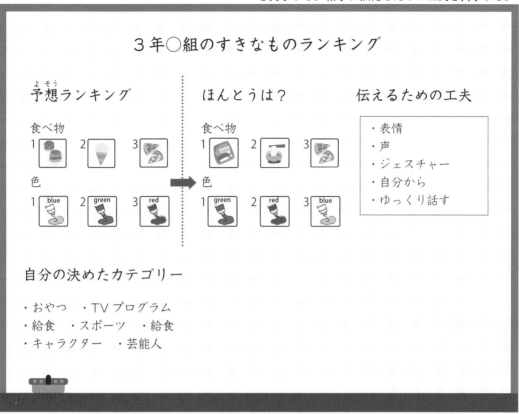

3 Activity 2 をする〈後半〉

　「相手に伝わるように」という具体のイメージをもたせ、後半の活動を行う。中間指導を経て、前半よりも改善している状況を見取る。また、目標への到達が難しいと予想される子供がいる場合は、個別に支援して、次単元以降も学習改善の状況を継続的に確認するようにする。

4 学級の好きなものランキングの振り返りをする

　インタビュー結果を発表し、ランキングをつくる。自分の調べたカテゴリーで一番多かったものを発表させる。Activity を通して、相手に分かりやすく伝えるための工夫や、相手のことをよく理解するための工夫などについて、感想を交流し振り返らせる。

Activity 2：インタビューをする

第4時

活動の概要

　第3時で、「学級の好きなものランキングをつくろう」と投げかけ、インタビューの目的をもたせる。また、食べ物と色についてのランキング予想と自分の調べたいカテゴリーを決めさせる。第4時では、ランキングづくりのために多くの情報を集めたい。また、自分の予想が当たっているか確かめたいという思いから、インタビューへの意欲をもたせる。その際、相手に分かりやすく伝えるための工夫のよさを体験させるようにする。

活動をスムーズに進めるための3つの手立て

①掲示物
食べ物と色のカード。
前時の予想ランキングの掲示をする。

②教師の提示の仕方
インタビューの仕方を教師と学級全体、または ALT とで確認する。

③コミュニケーション
活動の途中で中間指導を入れ、工夫を紹介して後半に意識させる。

想いを伝えるには「言葉」と「言葉以外のもの」の両方が大切。

活動前のやり取り例

まずはチャンツを使って、インタビューで使う表現を確認する。
What fruit do you like?　　What food do you like?
その後、食べ物と色について前時で予想した好きなものランキングを発表させる。
その際、今まで扱った語の絵カード数種類の中から選ばせるとよい。
T：Please guess, what's popular in our class.
　　What food is No. 1? No. 2? No. 3?　　What color is No. 1? No. 2? No. 3?
また、食べ物と色以外で、自分で考えたカテゴリーについても予想を発表させる。

活動前のやり取りのポイント

チャンツで What 〜 do you like? I like 〜. の表現をくり返し言うことで慣れ親しませるようにする。また、学級の好きなものランキングを予想させることで自分の予想を確かめるためにインタビューをするという必然性をもたせる。食べ物と色はカードの中から選ぶことでランキングをしやすくする。さらに、自分が尋ねたいカテゴリーを加えることで、より目的意識を高める。

　「友達にインタビューして自分の予想したランキングが当たっているか確かめたい」という目的意識と、「相手に伝わるように」という相手意識をもたせて活動させるようにする。活動の途中に、ジェスチャーを加えたり挨拶したりするなど相手に伝わるように工夫している様子を紹介する。また、うまく伝えられなかったことや聞き取れなかったこと等を取り上げながら、その解決方法についても学級全体で共有する。

メイン活動　学級の中のすきなものランキングをきめよう！

予想　　　　　　　　　　　　結果

伝えるための工夫は、ジェスチャー、ゆっくり分かりやすく、表情が大切だね

活動後のやり取り例

T：Let's vote! What food is popular in our class?
　　　　　　What color is popular in our class?
インタビューした結果がどうだったか、また、自分の予想が変わったかどうか尋ねる。
手を挙げさせ、実際の人数を確かめてランキングにする。
　　　Raise your hand to vote.
T：　What food do you like? I like apples?
　　How many? Please count.
　　What color do you like?
最後に自分で選んだカテゴリーについても、インタビュー結果を尋ねる。

活動後のやり取りのポイント

振り返りでは、「相手に分かりやすく伝えるための工夫」「相手のことをよく理解するための工夫」という視点で感想を交流させ、言葉だけではなく表情やジェスチャーなどの言葉以外の大切さにも気付かせるようにする。また、予想が当たっていたかだけでなく、友達の意外な新しい一面を知ることの楽しさに目を向けさせ、子供同士の相互理解を深め、仲間づくりにつなげる。

6

ALPHABET

〔4時間〕 【中心領域】聞くこと、話すこと［やり取り］［発表］

単元の目標

身の回りにはアルファベットの活字体の文字で表されているものがあることに気付き、活字体の大文字とその読み方に慣れ親しむとともに、相手に自分のことをよく分かってもらうために自分の姓名の頭文字について、相手に伝わるように工夫しながら、自分の姓名の頭文字を伝えるようにする。

第1時	第2時
第1小単元（導入）	第2小単元（展開①）
身の回りにあるアルファベットの大文字に気付くとともに、活字体の大文字の読み方を知る。	活字体の大文字とその読み方に慣れ親しむ。
1　身の回りのアルファベットを探そう ① Let's Watch and Think 　映像資料を視聴して、アルファベットの大文字による様々な表示を見て、何を表しているかを考える。 ②**紙面の中に隠れているアルファベットの大文字を見付ける** 　街のイラストの中に隠れているアルファベットの大文字を見付ける。 ③ Let's Sing : "ABC Song" ④**ポインティング・ゲーム（A〜M）**	**2　大文字に慣れ親しもう①** ① Let's Sing : "ABC Song" ②**何の文字か当てる** 　教師が提示するアルファベットの大文字を見て、それが何か当てる。 ③**文字を並べる** 　児童用巻末アルファベット大文字カード（A〜M）をAから順に並べる。 ④**ポインティング・ゲーム（N〜Z）** ⑤**線つなぎ** 　教師が言う大文字の読み方の順に、その文字を線でつないでいく。 ⑥**身の回りのものの中からアルファベットの大文字を探す**

本単元について ....

【単元の概要】

　アルファベットの活字体の大文字に出合う単元である。機械的に教えるのではなく、身の回りには多くのアルファベットの文字があることに気付かせながら出合わせるようにする。

　ポインティング・ゲームやビンゴ・ゲームなどで、大文字の形と読み方を一致させることができるようにする。その上で、文字の形などに着目して仲間分けを行い、文字への認識を深めていく。

　さらに、必要なアルファベットの大文字を集めたり、紹介したりする活動を通して、楽しみながら大文字に慣れ親しみ、興味・関心を高めていく。

【本単元で扱う主な語彙・表現】

《語彙》

大文字（A〜Z）,the card, alphabet, please, here, thank, welcome, 数（21〜30，0）, book, drum, fish, gorilla, hat, ink, jet, king, monkey, notebook, pig, queen, rabbit, sun, tree, umbrella, violin, watch, box, yacht

《表現》

(The "A" card), please. Here you are.

Thank you. You're welcome.

《本単元のクラスルーム・イングリッシュ》

What letter do you see in the picture?

Where is "A" in this picture?

Point to the alphabet letters.

単元の評価規準

[知識・技能]：活字体の大文字や、(The "A" card), please. Here you are. Thank you. You're welcome. などを用いて欲しいカードを尋ねたり答えたりすることに慣れ親しんでいる。

[思考・判断・表現]：自分のイニシャルのカードを集めるために、自分の姓名について、伝え合っている。

[主体的に学習に取り組む態度]：自分のイニシャルのカードを集めるために、自分の姓名について、伝え合おうとしている。

第 3 時	第 4 時
第 3 小単元（展開②）	第 4 小単元（まとめ）
活字体の大文字とその読み方に慣れ親しむ。	相手に伝わるように工夫しながら、自分の姓名の頭文字を伝えようとする。
3　大文字に慣れ親しもう② ① Let's Sing：“ABC Song” ②アルファベット文字並べ 　友達と協力し合って、アルファベット大文字カードを順に並べる。教師の指定したカードを取り、教師に見せる。 ③ Let's Play 　アルファベットの大文字の形に着目し、自由に仲間分けをする。 ④知っている英語に並べる 　アルファベットの文字カードを用いて、知っている英語を自由に作る。	4　自分のイニシャルを伝えよう ① Let's Sing：“ABC Song” ②ビンゴ・ゲーム 　ペアになり、文字カードを並べてビンゴ・ゲームを行う。9枚、16枚、25枚と学級の実態に応じて変えていく。 ③ Activity 　イニシャルカードを作成するために、自分の姓名の頭文字を集める。 ④ Activity 　自分の姓名の頭文字を紹介する。

【主体的・対話的で深い学びの視点】

　子供たちは、日常の生活の中だけでなく、国語科のローマ字の学習や、社会科の地域探検で見た標識や看板など、何度もアルファベットの大文字を見た経験がある。このようなことを本単元の学習と結び付けながら、アルファベットの文字への興味・関心を高めていく。

　本単元は高学年の文字学習につながるスタートとなる重要な意味をもつ単元である。楽しみながら、大文字に慣れ親しんでいくことが大切である。一度に全ての文字と読み方を一致させることを求めて、子供たちが負担感をもつことがないように十分に配慮する必要がある。

【評価のポイント】

　第1・2時では目標に向けての指導は行うが、評価の記録は残さない。

　第3時ではアルファベットの文字並べで、教師の指定したカードを探す活動を行い、「聞くこと」（知識・技能）について記録に残す評価をする。

　第4時では、Activityでイニシャルカードを集める活動を通して、「話すこと[やり取り]」（思考・判断・表現）について、自分のイニシャルを紹介する活動を通して、「話すこと[発表]」（知識・技能）について記録に残す評価をする。

第1時 身の回りのアルファベットを探そう

本時の目標

身の回りにあるアルファベットの大文字に気付くとともに、活字体の大文字の読み方を知る。

準備する物

・身の回りの看板等の写真
・大文字カード（提示用）
・振り返りカード

本時の言語活動のポイント

アルファベットの活字体の大文字を用いた活動は、言語活動の概念を意識しなければ、単なる練習の活動で終わってしまう。そこで、子供たちが "A." や "G." のように、思わずアルファベットの文字の名称を言いたくなるような活動を仕組むことが大切である。その際、What's this? や Where is "A" in this picture? のように、簡単なクラスルーム・イングリッシュを用いて、子供とやり取りするとよい。

目的をもった活動を通して、大文字に慣れ親しませることが大切である。

【「聞くこと」「話すこと［やり取り］」「話すこと［発表］」の指導に生かす評価】

◎本時では、記録に残す評価は行わないが、目標に向けて指導を行う。記録に残す評価を行わない活動や時間においても、教師が子供の学習状況を確認する。

・大文字の形と読み方（名称）に十分に慣れ親しませるようにする。

本時の展開 ▷▷▷

1 Let's Watch and Think をする

まずは、身近にあるお店の看板やお菓子のパッケージの写真を用いたスライドを活用し、文字の一部を隠し、"What's this?" と尋ね、大文字に出合う活動を行う。その後、Let's Watch and Think を視聴し、身の回りには様々な大文字があることに気付かせていく。

2 紙面に隠れているアルファベットの大文字を見付ける

紙面の町の絵の中からアルファベットの大文字を見付けさせ、その読み方を確認していく。また、その都度、提示用のアルファベットの大文字カードを黒板に提示し、文字と名称が一致できるように、何度もくり返すようにする。

2 紙面に隠れているアルファベットの大文字を見付ける

活動のポイント：教師の持っている大文字カードで形を確認し、友達と協力して見付ける。

3 Let's Sing
"ABC Song" をする

　まずは、黒板にランダムに提示し、大文字カードを A〜Z の順にできないかと投げかける。学級全員の力で正しい順序に並べられたことを称賛し、A〜Z の順に読み方を確認する。そして、音声教材を聞かせ、大文字カードを指し示しながら、一緒に歌う。

4 ポインティング・ゲーム（A〜M）をする

　児童用テキストの巻末アルファベットの文字カードページを使用して行う。教師は、アルファベットの文字の名称を言い、子供たちにその文字を指さすように指示する（A〜M）。最初はペアで 1 枚のページで行う。慣れてきたら、1 人 1 枚のページを使用して行う。

大文字に慣れ親しもう①

本時の目標

活字体の大文字とその読み方に慣れ親しむ。

準備する物

・大文字カード（提示用）
・大文字カード（児童用）
・ワークシート（Unit 6 - 1 ～ 6 - 5）
　→文部科学省 HP からダウンロード
・振り返りカード

本時の言語活動のポイント

　第 1 時と同じように、子供たちが思わずアルファベットの文字を見たり、聞いたり、言ったりするような活動を仕組むことが大切である。

　身の回りからアルファベットの大文字を見付け、その読み方とともに発表させるというように、目的をもった活動を通して、大文字に慣れ親しませ、いつの間にか大文字の形とその読み方を一致させることに慣れ親しんでいることが理想である。

【「聞くこと」「話すこと［やり取り］」「話すこと［発表］」の指導に生かす評価】

◎本時では、記録に残す評価は行わないが、目標に向けて指導を行う。記録に残す評価を行わない活動や時間においても、教師が子供の学習状況を確認する。
・大文字の形と（名前の）読み方に十分に慣れ親しませるようにする。

本時の展開 ▷▷▷

1 Let's Sing：“ABC Song”
→ 何の文字かを当てる

導入では、デジタル教材を用いて、“ABC Song” からスタートする。その後、教師用アルファベット文字カードを一瞬見せたり、黒板に大きくアルファベットの大文字をゆっくり書いたりする。そして、“What's this (letter)?” と尋ね、大文字の読み方を思い出させる。

2 ポインティング・ゲームをする
（文字並べ）

本時までに切り離しておいた児童用巻末アルファベット文字カード（A～M）を A から順に並べるように言い、必要に応じて支援をする。続いて、前時と同じような進め方で N～Z を用いてポインティング・ゲームを行う。その後、教師が指定したカードを選ぶ。

2 ポインティング・ゲーム

活動のポイント：教師は子供の状況に合わせ大文字カードを見せる。

■はじめはカードを見せる　　　　■慣れてきたらカードを隠す

3 「線つなぎ」をする

Let's Try! 1のワークシートを用いて線つなぎを行う（Unit 6 – 1 ～ 6 – 5）。AからZまでの読み方（名称）を確認した後、文字の読み方を実際に言い、その文字を線でつないでいくように伝える。教師は子供の様子を見取り、個に応じて適切な支援をする。

4 身の回りのものの中からアルファベットの大文字を探す

教室、子供の文房具や洋服等の中からアルファベットの大文字を見付け、その読み方とともに発表させる。学校の状況に応じて、活動の範囲を教室外に広げることも考えられる。

大文字に慣れ親しもう②

本時の目標

活字体の大文字とその読み方に慣れ親しむ。

準備する物

・大文字カード（提示用）
・大文字カード（児童用）
・振り返りカード

本時の言語活動のポイント

Let's Play を通して、アルファベットの文字の形への認識を深めさせていく際、仲間分けの視点と、大文字の形の特徴等に気付かせるようにすることが大切である。その活動を通して、思わずアルファベットの文字を言いたくなるようにし、大文字の形と読み方に慣れ親しませていく。

児童用大文字カードを並べる活動では、知っている英語を自由に作らせて終えるのではなく、それらを互いに紹介し合わせるとよい。

【「聞くこと」の記録に残す評価】

◎大文字の読み方について、どの文字かを考えながら意欲的に聞こうとしている。
・教師が指定したカードを探している様子を観察し、「主体的に学習に取り組む態度」について評価の記録をする。（態）

本時の展開 ▷▷▷

1 Let's Sing "ABC Song" をする

第1時、第2時で "ABC Song" を用いて、A〜Z の順にアルファベットの文字に慣れ親しんできた。本時では A から歌うのではなく、H から歌ったり、O や V から歌ったりすることに挑戦する。

2 アルファベットの文字並べをする

児童用巻末アルファベットの文字カードをペアに1組配布する。ペアで協力しながらカードを机上に A〜Z の順に並べさせる。子供の実態に応じて、Z から A へと逆に並べるなど難易度を上げてもよい。その後、教師は指定したカードを取り、教師に見せる。

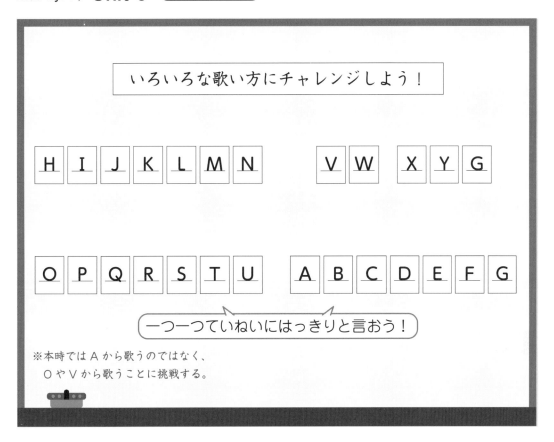

3 Let's Play をする

まっすぐグループだ

　この活動では、アルファベットの文字の形への認識を深めさせることがねらいである。直線のみの文字、曲線のみの文字、左右対称、お気に入りの文字など、自由な発想で仲間分けさせる。最後に、発表させて仲間分けの視点となる理由を共有する。

4 知っている英語に並べる

アメリカのことをUSAって言っていたな…

　児童用巻末アルファベットの文字カードを用いて、知っている英語を自由に作る。子供は、AKB、DVD、KFC など知っている英語を思い出しながら意欲的に活動をする。その際、児童用テキスト p.22〜23のパノラマ紙面を参考にさせてもよい。

自分のイニシャルを伝えよう

本時の目標

相手に伝わるように工夫しながら、自分の姓名の頭文字を伝えようとする。

準備する物

・児童用大文字カード
・提示用大文字カード
・振り返りカード

本時の言語活動のポイント

Activity で使用する表現は、Hi! The "A" card, please. Here you are. Thank you. You're welcome. の簡単なやり取りである。

教師がやり取りのモデルを示した後に活動を行う。さらに、集めたカードを用いて、"Hello, everyone. I'm Taira Sakura. "T" and "S". Thank you." などと紹介し合う。

授業終盤では、教師が学級の子供のイニシャルを黒板に書き、誰のイニシャルかを当てさせたり、「○○先生のイニシャルは何かな?」と子供にイニシャルを考えさせたりしてもよい。

【「話すこと [やり取り]」「話すこと [発表]」の記録に残す評価】

◎イニシャルカードを作るために、相手に伝わるように工夫しながら、欲しい文字について尋ねたり答えたりしている。❸「話すこと [やり取り]」(思・判・表)
◎自分のイニシャルを話すことに慣れ親しんでいる。❹「話すこと [発表]」(知・技)

本時の展開 ▷▷▷

1 Let's Sing "ABC Song" をする

黒板に、A〜Z の教師用カードをアルファベット順に掲示しておく。本時では、子供の実態に応じて活動に変化を付け、自分の名前の頭文字のときに立ったり座ったりするなどのアレンジを行う。

2 ビンゴ・ゲームをする

子供はペアで、文字カードの中から9枚を選び、机の上に縦・横3列に並べる。子供の実態に応じて16枚 (縦・横4列)、25枚 (縦・横5列) も可。また、13枚ずつ (A〜M, N〜Z) 2回に分けて行うことも考えられる。教師は文字の名称の読み方を無作為に言う。

3 4 Activity

活動のポイント：相手に分かりやすく伝わるように、ゆっくりはっきりと話す。

授業の終盤になったら、学級の子供のイニシャルを黒板に書き、誰かを当てるクイズを行うなどして、アルファベットの大文字に楽しみながら慣れ親しむように工夫する。

---

3 Activity
イニシャルカードを集める

　事前に本活動で用いるカードを準備し、子供を、渡す役ともらう役に分けて活動させる。

子供① Hi! ○○さん。The "A" card, please.

子供② Here you are.

子供① Thank you.

子供② You're welcome.

4 Activity
イニシャルを紹介する

　教師がモデルを示し、活動への見通しをもたせるとともに、意欲付けを図る。まずは、ペアで行い活動に慣れさせる。その後、グループや学級全体で、もしくは自由に歩いて紹介し合うなど、活動方法を工夫して行う。

第3時 Let's Play

活動の概要

　アルファベットの大文字を、自由に仲間分けする活動である。児童用テキストには、例として「直線」でできた大文字が示されている。その例を参考に、「曲線でできている文字」「直線と曲線でできている文字」などと、子供たち自身で豊かに発想していくことが期待できる。

　このような活動を通して、大文字の形と読み方に慣れ親しむことがねらいである。活動後には、お互いの仲間分けを紹介し合うことで、より一層学びが深まるであろう。

活動をスムーズに進めるための3つの手立て

① Let's Play
教師が例として示されている大文字の仲間分けについて考える。

②仲間分けをする
自分で考えた仲間に分けて、大文字カードを紙面に並べる。

③紹介し合う
お互いの仲間分けを見せ合い、どんな仲間分けかを考えたり、伝えたりする。

活動前のやり取り例

　子供たちには、テキストは開かせないで、テキスト p.24に例示されている大文字（Y、N、V、E などの直線の文字）の読み方を確認し、それらの形の特色に気付かせる。

　黒板に A～Z の大文字カードを並べ、教師が "What's this?" と尋ねて文字を答えさせる。

T：What's this?　　C：It's Y.　　T：That's right!

T：What's this?　　C：It's N.　　T：Good!

T：What's this?　　C：It's V.　　T：Nice!

その都度、その文字カードを移動し、まとめて提示する。

その後、テキスト p.24を開かせ、仲間分けの名前を考えさせる。

活動前のやり取りのポイント

この活動を進めながら、「次はどの文字を指すと思う？」「先生が絶対指さない文字はどれか分かるかな？」のように、教師が指す文字の共通点に意識を向けさせるようにする。

活動のポイント

　「直線でできている文字」「曲線でできている文字」「直線と曲線でできている文字」のように、文字の形に焦点を当てた仲間分けが多くある。しかし、形だけでなく、「音の共通点」に焦点を当てたり、「自分の兄弟の名前に共通する文字」のように、豊かに発想を広げることができるようにする。

活動後のやり取り例

T：さくらさんは置いた大文字カードを紹介してください。

C：A、J、K です。

T：どんな仲間の名前にしたの？

C：「エイ」グループです。

T：どうして？

C：読んでみると、エイ（A）、ジェイ（J）、ケエイ（K）と「エイ」が聞こえるからです。

T：なるほど！Very Good!　びっくりしました。

T：それでは、さくらさんと同じように、グループでお互いの仲間分けを紹介しましょう。

活動後のやり取りのポイント

お互いの仲間分けをペアやグループで紹介したり、「学級には、どんな仲間分けの名前があるかな？」と尋ね、仲間分けの視点について確認したりすることで、互いの発想のよさを認め合う機会としたい。

This is for you.

（5時間）　**【中心領域】** 話すこと［やり取り］［発表］

単元の目標

感謝の気持ちを伝えるカードを作るために、相手に伝わるように工夫しながら、形など身の回りのものについて、欲しいものを尋ねたり答えたりして伝え合う。

第1時	第2時
第1小単元（導入）	第2小単元（展開①）
形や身の回りのものを表す言い方を知る。	形を表す言い方に慣れ親しみ、欲しいものを尋ねたり答えたりする表現を知る。
1．形など身の回りのものの言い方を知ろう **①形や身の回りの言い方を知る** 　教師の話や紙面など、具体的な場面の中から形や身の回りのものの言い方に出合う。 **②ポインティング・ゲーム** 　形の言い方を聞いたり言ったりすることに慣れ親しむ。 **③Let's Watch and Think** 　映像を視聴して、季節や行事の挨拶の仕方等について知る。 **④単元のゴールを知る：教師の話** 　教師が作成したカードを見て、単元終末の活動への見通しをもつ。	**2．形の言い方に慣れよう** **①ジェスチャー・クイズ、ミッシング・ゲーム** 　形の言い方を何度も聞いたり言ったりして慣れ親しむ。 **②Let's Watch and Think** 　前時に続いて視聴し、贈られる意味について知り、単元終末の活動への意欲を高める。 **③カードを作る** 　教師と代表の子供のやり取りと、カード作成のデモンストレーションにより、欲しいものを尋ねたり答えたりする表現を知る。 **④Let's Chant** 　欲しいものを尋ねたり答えたりする表現に慣れ親しむ。

本単元について

【単元の概要】

　本単元は、具体的な場面の中で形などの言い方に出合い、欲しいものを尋ねたり答えたりする表現に慣れ親しみ、単元終末には実際にやり取りをして形を集め、感謝の気持ちを込めたありがとうカードを作成する流れとなっている。色や形は子供にとって身近な題材であり、ページを開けると、思わず心が躍るカラフルな遊園地が目に入る。交友関係にも広がりが見られる3年生の発達の段階に適した単元であり、子供は意欲的に活動に取り組むと思われる。「ありがとう」を伝えたい相手に喜んでもらえるカードを作るという、相手意識・目的意識を明確にした心が通い合う豊かな活動にしたい。

【本単元で扱う主な語彙・表現】

《語彙》

want, this, a, for

状態・気持ち（big, small）、形（square など）、動物（panda など）

《表現》

What do you want? 〜, please. Here you are. This is for you. Thank you. You're welcome.

《本単元のクラスルーム・イングリッシュ》

Listen carefully.

What can you see?

Can you guess? Please (Let's) guess.

How many triangles do you want?

Can you find a triangle?

【単元の評価規準】

[知識・技能]：形や身の回りものを表す語句、What do you want? 〜, please. の表現を用いて、欲しいものを尋ねたり答えたりしている。

[思考・判断・表現]：感謝の気持ちを伝えるカードを作るために、相手に伝わるように工夫しながら、形など身の回りのものについて、欲しいものを尋ねたり答えたりして伝え合っている。

[主体的に学習に取り組む態度]：感謝の気持ちを伝えるカードを作るために、相手に伝わるように工夫しながら、形など身の回りのものについて、欲しいものを尋ねたり答えたりして伝え合おうとしている。

第3時	第4・5時
第3小単元（展開②）	第4小単元（まとめ）
欲しいものを尋ねたり答えたりする表現に慣れ親しむ。	感謝の気持ちを伝えるカードを作って紹介する。
3．欲しいものを尋ねたり答えたりしよう ① Let's Listen：だれがつくったのかな？ 　予想をたてた後、欲しいものを尋ねたり答えたりする音声を聞き、誰のものかを考え、線で結ぶ。 ②マッチング・ゲーム 　What do you want? 〜, please. という表現に慣れ親しむ。 ③これは何でしょう？ 　欲しいものを尋ねたり答えたりする表現に慣れ親しむ。 ④振り返り	4．ありがとうカードを作ろう ① Let's Chant ②カードを集めて、作成する。 　欲しい形を尋ねたり答えたりして集め、カードを作成する。 5．ありがとうカードを作って紹介し合おう ①カードを作成する 　欲しい形を尋ねたり答えたりして集め、カードを作成する（前時の続き）。 ② Activity：カードを紹介し合う 　テキスト p.29の音声を聞いて、カードの紹介の仕方を知り、紹介し合う。

【主体的・対話的で深い学びの視点】

　思わず身を乗り出して聞こうとしたり話そうとしたりする子供の姿から「主体的・対話的で深い学び」は生まれる。教師は、子供の興味を引いたり活動への意欲を高めたりするために、様々な手立てを講じたい。本単元は、子供にとって身近な形が題材であり、カードづくりなどの楽しい活動も含まれるため、子供の主体的な活動が期待できる。学習過程では、何とか欲しいものを伝えようと自己解決したり、それを振り返ったりする場面を組みたい。その過程では、教師や友達等との言語活動を充実させ、互いから学び合い、よりよい学びに向かう姿へとつなげたい。

【評価のポイント】

　本単元では、「話すこと［やり取り］」を中心に指導し評価を行う。評価場面は、第4時と第5時に設定した、「欲しいものを尋ねたり答えたりして形を集める」場面となる。子供の活動の様子を観察して適切な評価を行い、記録に残す。その際、特徴的なことをメモに取り、各自の記録を蓄積していくようにする。

　目標への到達状況が十分でない子供がいる場合は、活動をいったん止め、観点に応じて練習的な活動を入れたり、助言や指導を行ったりして学習改善につなげる。また、次単元においても、継続して改善状況を見取っていく。

形など身の回りのものの言い方を知ろう

本時の目標

　形など身の回りのものの言い方を知り、日本語と英語の違いに気付く。

準備する物

・デジタル教材
・振り返りカード
・形の絵カード（掲示用）
・教師の「ありがとうカード」（見本）

本時の言語活動のポイント

　導入やシェイプ・クイズ、Let's Watch and Think など様々な場面で、教師が英語を使って子供を巻き込みながらやり取りし、学習を進めていきたい。子供は、教師の表情やジェスチャー、イラストや写真等を手掛かりに意味を推測しながら聞き、理解していくであろう。ただゲームをするだけ、映像を視聴させるだけではなく、それらを話題として子供と教師が考えや気持ちを伝え合い言語活動をつくっていく。語彙や表現の少ない3年生の実態に合った言語活動を大切に重ねていきたい。

【話すこと［やり取り］の指導に生かす評価】

◎本時では、記録に残す評価は行わないが、目標に向けて指導を行う。子供の学習状況を記録に残さない活動や時間においても、教師が子供の学習状況を確認する。
・ポインティング・ゲームの様子や振り返りカードから見取り、必要な指導・支援につなげる。

本時の展開 ▷▷▷

1 何があるかな？シェイプ・クイズをする

　紙面を使いながら子供とやり取りをして、形の言い方を導入し、絵カードを使って確認する。その際、子供たちが日本語と英語の違いを意識できるよう留意する。その後、シェイプ・クイズに移る。なお、形を扱った絵本やトライアングルなど実物による導入も考えられる。

2 ポインティング・ゲームをする

　シェイプ・クイズから本活動につなげる。紙面を活用する他、巻末の形カードを使用する方法も考えられる。子供は教師が言った形をくり返してその形を指す。個人あるいはペアで行い、教師が言うスピードを変えて活動に変化を付け、子供の意欲が持続するように工夫したい。

1 何があるかな？

活動のポイント：子供の興味を引き、具体的な場面の中から、形を表す表現と出合わせる。

T ：What can you see?（画面を指す）
C1 ：遊園地だ〜。
T ：Oh, it's an amusement park.
　　I like amusement parks.
　　Do you like amusement parks? Yes? No?
C1 ：Yes! ジェットコースターが好き。
T ：Oh, you like roller coasters? Me, too.
　　Anything else?
C2 ：ハートがあります。
T ：Heart? Where is it? （探すジェスチャー）
C2 ：（前に出てきて）ここと、ここにもある。
T ：Wow! Thank you. Many hearts.
　　よく見付けたね。
C3 ：三角形もあるよ。
T ：A triangle? Really?
C3 ：先生、屋根のところ！

3 Let's Watch and Think
世界のカードについて知る

　テキスト画面を提示し、"What can you see?"と、何のカードがあるかを問う。子供は、イラスト等を手掛かりに推測する。その後、音声を聞き、確認するとともに、季節や行事などの挨拶の言い方も知る。自分たちが贈ったりもらったりした経験などを発表させ、次につなげる。

4 教師のカードを見て単元終末の
活動への見通しをもつ

　ある先生からもらったという設定で、モデルとなるカードを見せる。教師は、「カードをもらってうれしかった」「みんなもありがとうを届けたい人いる？」と問いかけ、子供とともに単元終末の活動を設定したい。対象は、家族や友達、先生など、実態に合わせた配慮をする。

形の言い方に慣れよう

本時の目標

　形の言い方に慣れ親しむとともに、欲しいものを尋ねたり答えたりする言い方を知る。

準備する物

・デジタル教材
・形の絵カード（掲示用）
・振り返りカード
・前時に見せた見本のカード
・画用紙（掲示用）と切り抜いた様々な形

本時の言語活動のポイント

　本時の中心の言語活動となるのは、③に設定した「カードを作ろう」の活動である。子供は、ここで初めて What do you want? ～ please. という表現に出合う。具体物を用意し実際にカードを作る状況を提示し、その中で教師は、ジェスチャーを交えながら子供に語りかけたい。子供は、具体的な場面の中から意味を推測し理解していくものと思われる。手立てを講じながら子供自らの力で解決させる場面を多く設定したい。「分かった」「できた」という自信が、次の学びに向かう力を育てていく。

【「話すこと ［やり取り］」の指導に生かす評価】

◎本時では、記録に残す評価は行わないが、目標に向けて指導を行う。子供の学習状況を記録に残さない活動や時間においても、教師が子供の学習状況を確認する。
・ジェスチャー・クイズやミッシング・ゲームなどの活動の様子から見取り、指導・支援を行う。

本時の展開 ▷▷▷

1 ジェスチャー・クイズ／ミッシング・ゲームをする

　"What's this shape?" と、ジェスチャーをして前時を想起させていく。手や身体で形を表し、子供も巻き込めば一層盛り上がる。形の言い方を確認した後、ミッシング・ゲームに移る。全てのカードを外して、順に貼りながら形を言わせ、最後に残ったカードを尋ねる方法もある。

2 Let's Watch and Think 世界のカードについて知る

　前時に続き、カードを渡している場面映像を視聴する。ジェスチャーを付けて "What did you hear?" などと尋ね、音声を真似させたり、登場人物の表情や話し方等で気付いたことを発表させたりする。どのカードにも相手を思う気持ちが込もっていることに気付かせたい。

3 カードを作ろう

活動のポイント：具体的な場面を示し、What do you want?　～ please. の意味を推測させるとともに、それらの言葉を使う場面や状況をつかませる。

カードを作りたいという状況をつかませた上で、教師は子供を指名し（手に様々な形を持ちながら）、"What do you want?" "A pink heart?" "A blue star?" などと尋ねる。子供は、状況から尋ねられている意味を推測し、"A pink heart." などと答えるであろう。"Here you are." と渡し、カードに置かせる。"Nice!" "Thank you." などと言い、別の子供を指名して、同じように尋ねていく。様々な形を数枚置いたところで、その形を動かしながら、"What can I make?" などと言う。子供からは、「花ができる！」「ロケットかな」などの声があがるだろう。

3 カードを作る

前時に紹介したカードと無地の画用紙を黒板に貼り、「お礼にカードを作りたい。手伝ってくれる？」などと投げかけ、場面や状況をつかませる。様々な形を見せ、"What do you want?" "A pink heart?" などと尋ね、選ばせた形を画用紙に置く。

4 Let's Chant "What do you want?" をする

What do you want? ～, please. の表現に慣れ親しませる活動となる。まず音声のみを聞かせ、形が聞こえた時点で止め、"What did you hear?" と尋ねたり、映像を途中で止め、何ができるかを予想させたりする。くり返すだけでなく、思考する場面で主体的な学びを促す。

欲しいものを尋ねたり答えたりしよう

本時の目標

欲しいものを尋ねたり答えたりする表現に慣れ親しむ。

準備する物

・デジタル教材
・形の絵カード（掲示用）児童用小カード（巻末）
・振り返りカード
・切り抜いた形カード1人10枚程度（7つの形）

本時の言語活動のポイント

本時の中心の言語活動となるのは、**2**と**3**の活動である。「マッチング・ゲーム」「これは何でしょう？」いずれの活動においても、子供は、自分が欲しいものを考えて伝えることになる。また、尋ねる側も、「何が欲しいのかな？」と考えながら表現を使うであろう。How many? やI like 〜. などの既習表現も交えながらやり取りし、考えや気持ちを伝え合うコミュニケーションの楽しさを実感させたい。

【「話すこと［やり取り］」の指導に生かす評価】

◎本時では、記録に残す評価は行わないが、目標に向けて指導を行う。子供の学習状況を記録に残さない活動や時間においても、教師が子供の学習状況を確認する。
・マッチング・ゲームや「これは何でしょう？」の活動を中心に見取り、必要に応じた指導・支援を行う。

本時の展開 ▷▷▷

1 Let's Listen をする

欲しい形をやり取りする音声を聞き、誰がどの形を作ったのかを考える。聞かせる前に、"What can you see?" と紙面を使って子供とやり取りしたい。続いて "Whose card is this?" などと尋ね予想させるとよい。予想することで、聞こうとする意欲が一層高まる。

2 マッチング・ゲームをする

巻末小型カードを各種類4枚程度揃え、5〜6人で行う。グループ全員が1人に "What do you want?" と尋ね、その子供は隣の人に欲しいカードを言う。持っていれば "Here you are." と渡し、無い場合は別のカードを渡す。2枚揃ったら机に置き、全て無くなれば上がり。

3 これは何でしょう？

活動のポイント：ペアになり、What do you want? ～ , please. の表現を使い、欲しい形を集める。1つ買う度に交代したり、1人が買い終わった時点でもう1人が買ったり、様々な方法が考えられる。作品作りは同時に行い、完成したらクイズを出し合うとよい。

〈欲しいものを尋ね合う場面〉
A, B：Hello.
A：What do you want?
B：A blue heart, please.
A：A blue heart? OK!
A：How many?
B：Four! あっ、Four, please.
A：OK. Here you are.
B：Thank you.
〈何かを当てる場面〉
B：What's this?
　（作品を指して）
A：花？（Flower）
B：OK! That's right!

3 これは何でしょう？

　欲しい形をやり取りして集め、作品を作りそれが何かを尋ね合う。目的も明確で、3年生の発達の段階に沿った楽しい活動である。教師が指導・支援を行いながら、相手の言った言葉をくり返したり、"How many?" と尋ねたりして、簡単なやり取りを楽しめるようにする。

4 本時の振り返りをする

　振り返りカードには、本時のねらいに沿った自己評価と自由記述欄を設けた様式が多い。その記述の中に、授業中に見取れなかった子供の姿を発見することがある。その子ならではの新しい気付きや頑張ったこと、次の目標が書かれている。共有して、学級全体の学びとする。

第4時 ありがとうカードを作ろう

本時の目標

感謝の気持ちを伝えるカードを作るために、相手に伝わるように工夫しながら、形などについて欲しいものを尋ねたり答えたりして伝え合う。

本時の言語活動のポイント

これまでに慣れ親しんできた表現を使い、お店屋さんごっこの要領で欲しい形を集める。前時同様、How many? や I like ～. などの表現も交えて、相手に伝わるように工夫しながらやり取りできるようにしたい。活動途中で中間指導を行うなどして、自己調整を促す。

本時までにカードを贈る相手を決めさせ、教師も把握しておきたい。子供たちは贈る相手を想いながら活動への意欲を高めるだろう。学級内で贈り合う場合は、十分な配慮をしたい。

準備する物

・デジタル教材
・振り返りカード
・形の絵カード（掲示用）
・ワークシートまたは、オリジナルカード
・形（7種類の形各3～5色、切り抜いたもの）

【「話すこと［やり取り］」の記録に残す評価】

◎感謝の気持ちを伝えるカードを作るために、相手に伝わるように工夫しながら、形などについて欲しいものを尋ねたり答えたりして伝え合っている。〈行動観察・作品・振り返りカード点検〉
・欲しいものを尋ねたり答えたりする活動の様子を中心に3観点から見取り、記録を残す。目標への到達状況が十分でない子供がいる場合は、個別支援を行うなどして、学習改善につなげる。

本時の展開 ▷▷▷

1 Let's Chant "What do you want?" をする

チャンツに言い慣れたら、尋ねる側と答える側に分かれたり、カラオケにして子供たちだけで言わせたりするなど、少しずつ負荷をかけて意欲が持続するような工夫をしたい。音声のみにして歌詞を考えさせることもできる。主体的な学びを促すには、教師自身も楽しみたい。

2 Activity：ありがとうカードを作ろう（買い物）

教師同士、または教師と代表の子供でモデルを示し、活動の仕方を理解させた後、活動に移る。ペアで活動することも考えられるが、学級全体を2つに分け、前後半で店と客の役割を交代する形にすると、よりダイナミックな活動となり、子供の意欲はさらに高まるだろう。

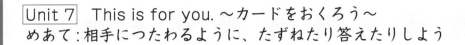

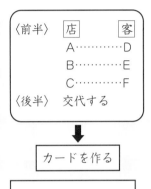

Unit 7　This is for you. 〜カードをおくろう〜
めあて：相手につたわるように、たずねたり答えたりしよう

〈前半〉店　　客
　　　　A………D
　　　　B………E
　　　　C………F
〈後半〉交代する

↓

カードを作る

THANK YOU
（見本のカード）

ありがとうの気持ちをつたえるカードを作るために……

気をつけること工夫したいこと

＜話すとき＞
・相手を見て、笑顔で
・はっきりわかりやすい声で
・ジェスチャーをつけて
・形や色、数をはっきり言う
・知っている英語を使う
・気持ちをこめて

＜聞くとき＞
・相手を見て、笑顔で
・うなずく
・くり返す、反のうする
・分からないときは聞き返す
・質問する

3 気を付けたり工夫したりすることを確認する

Activityを途中で止め、相手に伝わるように工夫している子供の具体の姿を全員で共有したり、前半の活動で困ったことを出し合い、全員でその解決方法を考え共有したりする。それを生かして後半の活動を行う。

4 Activity：ありがとうカードを作ろう（作成）

子供は贈る相手を想いながら、集めた形でカードを完成させる。THANK YOUの文字は印刷したものを貼ったり文字を集めて作ったりするとよい。伝えたい言葉は、メッセージとして書かせたい。オルゴール曲を流すなど、「ありがとう」の気持ちを形にしていく過程を大切にしたい。

第5時　ありがとうカードを作って紹介し合おう

本時の目標

　感謝の気持ちを伝えるカードを作るために、相手に伝わるように工夫しながら、形などについて欲しいものを尋ねたり答えたりして伝え合う。

準備する物

・デジタル教材
・振り返りカード
・形の絵カード（掲示用）
・ワークシートまたは、オリジナルカード
・形（7種類の形各3〜5色、切り抜いたもの）

本時の言語活動のポイント

　本単元最後の時間となる。ここでは、授業冒頭の欲しい形を尋ねたり答えたりする活動に加え、作成したカードを紹介する言語活動も設定する。第1時から「ありがとうの気持ちを伝えるカードを作ろう」という単元のゴールを共有し、想いを高めながら本時まで学習を進め、完成させたカードである。このカードには、それぞれの子供の想いや願いが込められている。

　色や形など作品の紹介だけでなく、日本語となるが、贈る相手へのメッセージなども紹介させ、温かい気持ちを学級全体で共有したい。

【「話すこと［発表］」の記録に残す評価】

◎感謝の気持ちを伝えるカードを作るために、相手に伝わるように工夫しながら、形などについて欲しいものを尋ねたり答えたりして伝え合っている。〈行動観察・作品・振り返りカード点検〉

・前時に続き、欲しいものを尋ねたり答えたりする活動から3観点について見取り、記録を残す。「努力を要する」子供がいる場合は、継続して指導を行い、改善状況を見取る。

本時の展開　▷▷▷

1　Activity　ありがとうカードを作ろう

　前時と同様に、店と客に分かれて活動を行う。贈る相手へのメッセージを書いたり、相手のイニシャルを入れたりして、カードを完成させる。前時での評価に続き、対象児童を意識して見取り、必要に応じて指導・支援を行い、学習改善につなげる。

2　Activity：デジタル教材を視聴し、紹介の仕方を知り練習する

　3の活動に向け、どのように紹介すればよいかを子供に考えさせたい。その後、デジタル教材を視聴し、ペアで練習するなどして、3の活動へつなげる。個人差があると思われるので、全員に同様の紹介を求めず、紹介する内容を選択させるなど、個に応じた支援、配慮をする。

3 ありがとうカードを紹介し合う

> 活動のポイント：贈る相手へのメッセージとともに、ありがとうカードを紹介させるようにする。一人一人の想いを学級全体で共有し、よりよい学級集団づくりへとつなげたい。

〈グループでの活動の様子〉

全員：Hello.

A：This is my card.

B：OK!（拍手）

A：Four pink hearts.

C：Four pink hearts.

A：One red circle.

B：One circle. I like red.

A：One green rectangle.
　　Two green triangles.
　　What' this?

B：Flower! OK?

A：That's right.

---

3 ありがとうカードを紹介し合う

　いよいよカードの紹介である。まず、教師がモデルを示し、グループ活動に移る。"This is my card. Four pink hearts. One red circle." など使った形を紹介し、"What's this?" と作ったものが何かを尋ね、双方向のやり取りを行う。贈る相手やメッセージも伝え、想いを広げる。

---

4 本時の振り返りをする

　振り返りカードの自由記述には、子供の頑張りや気付き、成長、今後の課題等が書かれており、授業中には見取れなかった子供の姿がある。評価の際にも、貴重な資料の１つとなる。１人の気付きを学級全体に広げるため、共有する時間をつくる。

第4時 Activity
ありがとうカードを作ろう（買い物）

活動の概要

「ありがとうカード」を作るために欲しい形を尋ねたり答えたりして伝え合う、本単元の中心となる言語活動である。第1時に「ありがとうカードを作ろう」というゴールを共有し、本時に至るまでに、子供たちは形や欲しいものを尋ねたり答えたりする表現に慣れ親しみ、世界の様々なカードにも触れその目的について考える時間をもってきた。こうした学びや経験を生かすとともに、贈る相手への感謝の気持ちを高め、生き生きとしたやり取りが生まれるようにしたい。

活動をスムーズに進めるための3つの手立て

①モデルを示す
教師（HRT と ALT）がデモンストレーションをする（店員と客になる）。

②子供同士のやり取り
まずは子供同士でやり取りをさせ、子供にどうすればよいか考えさせる。

③中間指導
よい例を紹介したり、指導を行ったりして、自己調整や学習改善につなげる。

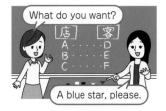

活動前のやり取り例

教師同士がモデルを示す（店員と客）

HRT&ALT：Hello.

ALT：What do you want?

HRT：A triangle, please.

ALT：A triangle?　（手で△を作る）One?
　　　How many triangles?

HRT：Three, please.

ALT：Three? OK! What color do you want?

HRT：Yellow, please.

ALT：Nice color. I like yellow. Here you are.

HRT：Thank you.

活動前のやり取りのポイント

後に行う子供同士の活動を想定して、意図的なデモンストレーションを行う。事前に気を付けることや工夫することを確認しているため、それと照らし合わせながら子供が確認できるようにしたい。What do you want? 〜, please. の表現だけでなく、How many 〜? I like 〜. What 〜 do you like? などの既習表現も加えたりジェスチャーを付けたりして、考えや気持ちがよく伝わる具体的な場面を提示し、子供の自己調整、学習改善を促したい。

活動のポイント

　　形の言い方や欲しいものを尋ねたり答えたりする表現、What do you want? 〜, please. などを使って実際にやり取りして、欲しい形を集める活動である。その際、「ありがとうの気持ちを伝えるカードをつくる」という目的意識をしっかりもたせるとともに、どうすれば相手に自分の考えや気持ちがよく伝わるかについても考えさせ、学級全体で共有した後、本活動に臨ませたい。

メイン活動

〈やり取りの様子（例）〉
店 , 客：Hello.
店：What do you want?
客：Circle, please.
店：One? Two? How many?
客：Two, please.
店：OK! What color?
客：Pink, please.
店：Nice color! I like pink.
　　Big? Small?
客：Big!
店：Nice! Here you are.
客：Thank you.

- Hello. What do you want?
- What do you want?
- OK!
- A green triangle, please.
- う〜ん。A pink circle, please.

活動中のやり取り例

T 　：（前半の活動後）とってもいいやり取りができていたペアを見付けたよ。
　　　〜さんと〜さんに、もう一度やってもらいましょう。〜 san, 〜 san, are you ready?
C 1：Hello, 〜 .（C 2 ：Hello.）How are you?
C 2：I'm good. How are you?（C 1 ：I'm happy.）
C 1：What do you want?　　C 2：え〜と。Two circles, please.（指で 2 本を示し、〇を作る）
C 1：Two circles? OK! What color?
C 2：Black and red. Big size, please.（大きい〇の形を指す）（C 1 ：Big size? Great! OK!）
T 　：Wow! Good communication! 〜 san, what will you make? A car? A flower? Thank you.
　　　Everyone, comment please. どんなところがよかったかな。

活動中・活動後のやり取りのポイント

本時の目標に沿ったやり取りを紹介することで、他の子供が自己を振り返り、他者のよい点を積極的に取り入れ、よりよい活動に改善していこうとする意欲付けを図る。ここに、深い学びが生まれる。「ありがとうカードを作る」という目的意識をもち、慣れ親しんだ表現を使って考えや気持ちを伝え合う中で、コミュニケーションの楽しさや喜びを実感させたい。

8

What's this?

（5時間） 【中心領域】話すこと [やり取り]

単元の目標

学級や学年の友達と仲よくなるために、相手に伝わるように工夫しながら、あるものが何かを尋ねたり答えたりして伝え合う。

第 1 時	第 2 時
第 1 小単元（導入）	第 2 小単元（展開①）
あるものが何かを尋ねたり答えたりする表現について慣れ親しむ。	あるものが何かを尋ねたり答えたりする。
1．「すきなものハウス」クイズをしよう **①教師が好きなものについてのクイズ** 　「すきなものハウス」クイズを ALT とやり取りするモデルを見て、本単元最終の言語活動のイメージをもち、学習計画を立てる。 **②教師による What's this? クイズ** **③ Let's Play 2** 　シルエットクイズ（テキスト p.32）を通して、クイズの尋ね方や答え方、果物・野菜の言い方を聞いたり言ったりして、十分慣れ親しむ。 **④シャッフル・ゲーム** 　教師とのやり取りやクイズを通して、クイズの尋ね方や答え方、果物・野菜の言い方を聞いたり言ったりして、十分慣れ親しむ。	**2．いろいろな「すきなものハウス」クイズをしよう** ① Let's Chant："What's this?" ② Activity 3 　足あとクイズ（テキスト p.33）を通して、クイズの尋ね方や答え方、動物の言い方を聞いたり言ったりして、十分慣れ親しむ。 **③先生の「すきなものハウス」クイズ（スリット入り）** 　クイズを通して、クイズの尋ね方や答え方、動物・植物の言い方を聞いたり言ったりして、十分慣れ親しむ。 **④ペアになり、「すきなものハウス」クイズ（スリット入り）**

本単元について

【単元の概要】

　本単元では、あるものが何かを尋ねたり答えたりする言い方を知り、学級や学年の友達と仲よくなるために自分のことに関する「すきなものハウス」クイズを作り、出題し合う。

　もうすぐ 4 年生でクラス替えもある状況の中、学年の友達と仲よくなるという活動を組む。これまでの活動経験を生かしながら、クイズを考えて作る楽しさや学級や学年の友達と自分に関するクイズを出題し合い、互いのことを知る楽しさを味わうことができるであろう。また、学級や学年の友達と出題し合うことを通して互いのことを知るなど、よりよい関係づくりを期待できるであろう。

【本単元で扱う主な語彙・表現】

《語彙》

it, hint, an, quiz, sea, 動物(elephant, horse), spider

《表現》

What's this?　Hint, please.　　It's (a fruit).
It's (green).　It's (a melon).　That's right.

《本単元のクラスルーム・イングリッシュ》

Can you guess?　Do you need hints?
That's right.　　Close.
Face the front.　Look at this picture.
Your turn.　　My turn.

単元の評価規準

[知識・技能]：あるものが何かについて、What's this? や Hint, please. It's（a fruit）. などを用いて、尋ねたり答えたりすることに慣れ親しんでいる。

[思考・判断・表現]：学級や学年の友達と仲よくなるために、相手に伝わるように工夫しながら、あるものが何かを尋ねたり答えたりして伝え合っている。

[主体的に学習に取り組む態度]：学級や学年の友達と仲よくなるために、相手に伝わるように工夫しながら、あるものが何かを尋ねたり答えたりして伝え合おうとしている。

第3時	第4・5時
第3小単元（展開②）	第4小単元（まとめ）
あるものが何かヒントを出しながら尋ねたり答えたりする。	相手に伝わるように工夫しながら、あるものが何かを尋ねたり答えたりして伝え合う。
3．ヒントを考えて「すきなものハウス」クイズを出そう ① Activity 1：ヒント・クイズ 　テキスト p.32、33を通して、ヒントの尋ね方や出し方に出合う。 ②先生の「すきなものハウス」クイズ（スリットなし） 　クイズを通して、ヒントの尋ね方や出し方、食べ物・スポーツの言い方を聞いたり言ったりして、十分慣れ親しむ。 ③ヒントを考える 　全員で考えることを通して、ヒントの出し方について考えたり言ったりして十分慣れ親しむ。 ④ペアで「すきなものハウス」クイズ	4．クイズを作ってリハーサルをしよう 5．「すきなものハウス」クイズ大会をしよう ①クイズの答えやヒントを考える 　自分の考えたクイズやヒントをクイズメモ用紙にまとめる。 ②「すきなものハウス」クイズを作る ③「すきなものハウス」クイズ1 　学級の友達とペアになり、クイズを出し合う。 ④「すきなものハウス」クイズ2 　学年の友達とペアになり、クイズを出し合う。

※本単元における「聞くこと」については、目標に向けて指導は行うが、記録に残す評価は行わない。

【主体的・対話的で深い学びの視点】

　好きなものという話題は、子供にとって話しやすく伝えたい内容である。また、好きなものを伝え合うことで、自分のことを知ってもらったり友達のことを知ったりすることにもつながる。もうすぐ4年生でクラス替えもある状況の中、学年の友達と自分に関する好きなものを伝え合うことで互いのことを知るきっかけとなり、次の学年への期待へとつながるであろう。自分のことを知ってもらいたいと思う子供たちは、相手に正解してもらいたいと考えるであろう。どのように伝えると、また、どのようなヒントを出すと正解へとつながるかを、本単元を通して子供に考えさせたい。

【評価のポイント】

　本単元では、自分の好きなものに関するクイズを作り、What's this? や Hint, please. It's（a fruit）. などを使って、あるものが何かを相手に伝わるように工夫しながら尋ねたり答えたりしている様子を見取り、記録をしておく。

　第4時までは記録に残す評価は行わないが、目標に向けて十分に指導を行い、第5時の評価場面においてどの子供も「おおむね満足できる状況」となることを目指す。第5時前半では、これまでの子供の振り返りカードに記載された内容や教師の記録内容をもとに、ヒントの内容を確認させたり自信をもたせるような声かけをしたりする。

「すきなものハウス」クイズをしよう

本時の目標

あるものが何かを尋ねたり答えたりする表現について慣れ親しむ。

準備する物

・「すきなものハウス」クイズモデル
・学習計画用紙
・果物、野菜の絵カード（掲示用）
・振り返りカード

本時の言語活動のポイント

What's this? クイズでは、絵カードを用紙で覆い隠し、分からない状況を作ることで子供から "Hint, please." という表現を引き出しながらクイズを進める。What's this? クイズ、Let's Play 2（シルエットや断面図から何かを当てる）、シャッフル・ゲームにおいて、教師がくり返し "What's this?" と尋ねることで、子供にこれまでに慣れ親しんだことを思い出させたり、あるものが何かを尋ねる際の表現に慣れ親しませたりする。

【「話すこと［やり取り］」の指導に生かす評価】

◎本時では、記録に残す評価は行わないが、目標に向けて指導を行う。子供の学習状況を記録に残さない活動や時間においても、教師が子供の学習状況を確認する。
・教師による What's this? の表現を使ったクイズを聞き、それが何かを当てる活動を中心に見取る。

本時の展開 ▷▷▷

1 単元のゴールの活動について知り、学習計画を立てる

導入として、教師が好きなものを集めた「すきなものハウス」を提示する。ハウスの中身を当てるクイズで ALT とやり取りするモデルを見て、本単元最終の言語活動のイメージをもち、学習計画を立てるようにする。

2 What's this? クイズをする

子供から "Hint, please." という発言を引き出しながら、無地のカードを少しずらして下にある絵の一部を見せ、"What's this?" と尋ねる。これをくり返しながら、子供にこれまでに慣れ親しんだもの・表現を思い出させたり、あるものが何かを尋ねる表現に慣れ親しませたりする。

単元のゴール

「すきなものハウス」クイズ大会をして
学年の友だちと仲よくなろう

【学習計画】

| 学年の友だちとクイズをするよさ | クイズの出し方・答え方の練習 |

↓

・楽しそう
・友だちのすきなものを知れる
・学年のまだ知らない友だちと仲よくなれる

ゴール

| 自分の好きなものを決める |
| クイズを作る |
| クラスでリハーサル |
| 「すきなものハウス」クイズ大会 |

Today's Goal

「すきなものハウス」
クイズをしよう

↓シャッフルゲームで使用する絵カード

| cabbage | kiwi fruit | sweet potatos | mango |

| My すきなものハウス | My すきなものハウス |

↑ HRT のクイズ　　↑ ALT のクイズ
モデル　　　　　　　モデル

↑子供の発言を基に活動内容を短冊に書き、短冊を並び替えながら取り組む順番を整理する。

---

3 Let's Play 2　シルエットや断面図から何かを当てる

映像のシルエットや断面図を見せ、"What's this?" と尋ね、それぞれが何かを考え発表するようにする。1人の子供の "Onion." という発言に対して、"Onion? O.K?" とくり返し聞き返すことで、果物や野菜の言い方に慣れ親しむようにする。

4 シャッフル・ゲームをする

英語での言い方を確かめながら、順に絵カード（果物、野菜）を裏返す（3〜4枚）。ゆっくりと2、3回シャッフルし、1枚のカードをさし、"What's this?" と尋ねる。絵カードを替えながらくり返し行い、What's this? や果物・野菜の言い方に慣れ親しむようにする。

いろいろな「すきなものハウス」クイズ をしよう

本時の目標

あるものが何かを尋ねたり答えたりする表現について慣れ親しみ、あるものが何かを尋ねたり答えたりする。

準備する物

・「すきなものハウス」クイズモデル
・黒板掲示用キーセンテンス
・黒板掲示用絵カード（果物、野菜）
・動物・花の絵カード（掲示用）（子供用）
・振り返りカード

本時の言語活動のポイント

前時は教師によるクイズを通して What's this? の表現に慣れ親しんだ。今回は、チャンツや足あとクイズ、教師による「すきなものハウス」クイズを通してクイズへの関心をさらに高め、What's this? の表現にくり返し慣れ親しんでいく。

終末には、自分の好きな動物や花、果物、野菜について、カードのイラストを紙や手で隠しながらクイズを出題することに挑戦する。くり返し聞いた What's this? の表現を使うことで、出題者としてクイズを楽しむ姿を期待する。

【「話すこと［やり取り］」の指導に生かす評価】

◎本時では、記録に残す評価は行わないが、目標に向けて指導を行う。子供の学習状況を記録に残さない活動や時間においても、教師が子供の学習状況を確認する。
・教師による What's this? の表現を使ったクイズを聞き、それが何かを当てる活動を中心に見取る。

本時の展開 ▷▷▷

1 Let's Chant "What's this?" をする

電子黒板を見ながらチャンツを行う。その際、子供の言いやすいスピードに調整しながら、楽しく歌えるようにする。

2 Activity 3 足あとクイズをする

足あとを指さして "What's this?" と尋ねる。写真だけでは予想できないと思われるので、子供に "Hint, please?" とヒントが欲しいか尋ね、例えばウサギであれば "Long ears." などとヒントを出すようにする。子供に予想をさせた後、デジタル教材で答えを確認する。

4 「すきなものハウス」クイズ（スリット入り）

活動のポイント：簡単なクイズの中でくり返し表現を発話し、慣れ親しむ

A）What's this?
B）Hint、please.
A）O.K.（すき間を空ける）What's this?
B）Pumpkin!
A）No, sorry.
B）Hint, please.
A）O.K.（さらにすき間を空ける）What's this?
B）Banana!
A）That's right.

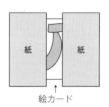

絵カード

隣の席の子供同士でペアを作り交互にクイズを出し合う。
絵カードを替えながらくり返し出題し合い、What's this? や Hint, please. の表現に慣れ親しむ。
すき間を空けてヒントを出す以外に、言葉によるヒントが予想される。言葉によるヒントを出している子供を紹介することで、次時への意欲付けとしていく。

3 教師の「すきなものハウス」クイズ（スリット入り）をする

　スリットから見える絵の一部を見せ、"What's this?" と尋ねる。子供の "Hint, please." の言葉に合わせてスリットの幅を広くしていく。これをくり返しながら、クイズの尋ね方や答え方、動物・植物の言い方に慣れ親しむようにする。

4 「すきなものハウス」クイズ（スリット入り）を出し合う

　1枚の用紙で絵カードを覆い、解答者の "Hint, please." の言葉に合わせて用紙を少しずらしていく。また、2枚の用紙ですき間（スリット）を作ったり、手で覆い隠したりと、絵カードの隠し方やヒントの示し方は子供のアイデアを大切にするようにする。

ヒントを考えて「すきなものハウス」クイズを出そう

本時の目標

あるものが何かヒントを出す表現について慣れ親しみ、あるものが何かヒントを出しながら尋ねたり答えたりする。

準備する物

・「すきなものハウス」クイズモデル
・黒板掲示用キーセンテンス
・動物、花、果物、野菜、スポーツ、食べ物の絵カードと振り返りカード

本時の言語活動のポイント

前時までに What's this? の表現に慣れ親しんできた。今回は、ヒントクイズや教師による「すきなものハウス」クイズ、クイズの答えにつながるヒントをみんなで考える活動を通してヒントを出す表現にくり返し慣れ親しんでいく。終末には、自分の好きなものについてカードのイラストを伏せ、ヒントを出しながらクイズを出題することに挑戦する。くり返し聞いた It's (a fruit). It's (red). の表現を使うと答えにつながることを実感させたい。

【「話すこと [やり取り]」の指導に生かす評価】

◎本時では、記録に残す評価は行わないが、目標に向けて指導を行う。子供の学習状況を記録に残さない活動や時間においても、教師が子供の学習状況を確認する。
・教師による "What's this?" "It's (a fruit)." "It's (red)." "It's (a triangle)." と尋ねるクイズを聞き、それが何かを当てる活動等を中心に見取る。

本時の展開 ▷▷▷

1 Activity 1 ヒント・クイズをする

どのようにヒントを出しているか考えながらクイズに答えるようにする。視聴後、どのようなヒントを出していたか問い、「種類」「色」「形」「関係するもの（バナナの場合、バナナが好きな猿）」をヒントに出すと答えにつながりそうだということを確認する。

2 先生の「すきなものハウス」クイズ（ヒントあり）をする

ヒントクイズで出されたヒントの視点に沿って、教師がクイズを出していく。答え合わせは全てのヒントを伝えた後に行い、ヒントをくり返し聞くことができるようにする。また、I like soccer. など、I like 〜. を使って好きなことを紹介するようにする。

3 クイズの答えにつながるヒントをみんなで考える

活動のポイント：ヒントを聞いて答える活動からヒントを考える活動に移る

出題者）What's this?
解答者）Hint, please.
A）It's a fruit.
解答者）Hint, please.
B）It's yellow.
解答者）Banana?
出題者）No, sorry.
解答者）Hint, please.
C）It's a circle.
解答者）Grapefruit?
出題者）That's right.
　　　　I like grapefruit juice.

（出題者）What's this?

（解答者）Hint, please.

（B）It's yellow.　（A）It's a fruit.　（C）It's a circle.

（解答者）「Circle.」でグレープフルーツだと分かりました。

解答者だけが答えを知らない状況のもと、解答者が正解できるようにみんなでヒントを考え出していく。クイズの後、どのようなヒントが答えにつながったか解答者に尋ね、答えにつながるヒントの出し方について考えるようにする。

3 クイズの答えにつながるヒントをみんなで考える

（出題者）What's this?

（解答者）Hint, please.

　他の子供が、ある子供の好きなものについて色や形、カテゴリーのヒントを出す。その後、一斉に "What's this?" と尋ね、解答者が答える。どのようなヒントが答えにつながったか解答者に尋ね、答えにつながるヒントの出し方について考えるように促す。

4 ヒントを考えペアで「すきなものハウス」クイズを出し合う

It's a fruit.　It's yellow.　　　It's a banana.

　絵カードを1つ選び、ヒントを考えて出題する。全体で確認した答えにつながるヒントの出し方の視点に沿ってクイズを出題するようにする。クイズを出題した後、自分が考えたヒントが答えにつながったかペアでアドバイスし合うようにする。

クイズを作ってリハーサルをしよう

本時の目標

学級の友達とクイズを出し合って仲よくなるために、相手に伝わるように工夫しながら、あるものが何かを尋ねたり答えたりして伝え合う。

準備する物

・絵カード（前時と同様）（掲示用）（子供用）
・クイズ用台紙、色画用紙
・クイズメモ用紙
・黒板掲示用キーセンテンス
・評価用付箋紙　・振り返りカード

本時の言語活動のポイント

前半のクイズが終わった後に、答えにつながるように「相手に伝わる声の大きさや速さ」「ジェスチャー」「反応」など、伝え方を工夫している子供や既習語句や表現を用いてヒントを出している子供を紹介する。また、単元の目的である「仲よくなる」「みんなのことを知る」「自分のことを知ってもらう」をもう一度確認し、さらに相手意識をもちながら交流できるようにする。

後半は、答えにつながるように工夫しながらやり取りする子供が増えることが予想される。

【「話すこと［やり取り］」の指導に生かす評価】

◎本時では、記録に残す評価は行わないが、目標に向けて指導を行う。子供の学習状況を記録に残さない活動や時間においても、教師が子供の学習状況を確認する。

・子供たちが完成した「すきなものハウス」クイズを出し合っている活動を中心に見取る。

本時の展開 ▷▷▷

1 クイズの答えやヒントを考え、クイズメモ用紙にまとめる

クイズの答えは、本単元やこれまでの学習で扱ったものから選ぶようにする。クイズの答えやヒントをクイズメモ用紙の表に日本語などでメモする。全体でヒントの出し方について確認したり、友達同士で相談したりしながら準備ができるようにする。

2 自分の「すきなものハウス」を使ってクイズを作る

台紙に好きなものの絵カードを6つ貼り、上からめくれるように画用紙を重ねて貼る。3つにはスリットを入れ、残り3つにはスリットを入れない。スリットの場所や形、幅の広さ、画用紙の色塗り等のデザインは子供の発想を大切にしながら作るようにする。

3 **4** クイズを出し合う

活動のポイント：答えにつながるように工夫しながら伝え合う

A) Hello, My name is ○○ .
B) Hello, My name is △△ .
A) Quiz O.K?
B) O.K.
A) This is my すきなものハウスクイズ .
　　What's this?
B) Hint, please.
A) O.K.　It's a fruit.（ゆっくりとした声で）
B) Melon?
A) No, sorry.
B) Hint, please.
A) O.K. Monkey.
　（ジェスチャーしながら）
B) Banana?
A) That's right.

前半のクイズの後、中間指導の時間を設け、答えにつながるように工夫しながら伝えている子供を紹介する

【子供同士で紹介し合う】

この人のこのヒントで答えが分かったということを紹介してください

○○さんが「Monkey.」と、サルのジェスチャーをしながら伝えてくれたので、バナナだと分かりました

【教師が紹介する】

答えの「トマト」につながるように、It's summer. と季節の言葉を使っているのがいいなと思いました

---

3 クイズを出し合う（前半）

It's a vegetable. It's red. Summer. What's this?

It's a tomato.

　完成したクイズを出題し合う前に、クイズを友達と出題し合う目的を確認する。「仲よくなる」「みんなのことを知る」「自分のことを知ってもらう」等の目的が出されることが予想される。クイズは教室内を自由に歩き、ペアで出題し合うようにする。

4 クイズを出し合う（後半）

答えの「トマト」につながるように、It's summer. と季節の言葉を使っているのがいいなと思いました

　前半の後、「声の大きさや速さ」「ジェスチャー」「反応」「ヒント」等工夫して伝えている子供を紹介する。後半は、工夫できている子供に付箋紙（青：声の大きさや速さ、赤：反応、緑：ジェスチャー、黄：ヒントの工夫）を渡し、自信へとつなげていく。

「すきなものハウス」クイズ大会をしよう

本時の目標

学年の友達とクイズを出し合って仲よくなるために、相手に伝わるように工夫しながら、あるものが何かを尋ねたり答えたりして伝え合う。

準備する物

・絵カード（前時と同様）（掲示用）
・子供作成の「すきなものハウス」クイズ（裏面にクイズメモ用紙を貼る）
・黒板掲示用キーセンテンス
・評価用付箋紙　・振り返りカード

本時の言語活動のポイント

授業の冒頭で単元のゴールであるクイズ大会をする目的について確認し、「学年の友達と仲よくなる」ためにすることを共通理解し、始めるようにする。

前半のクイズが終わった後に、クイズの答えにつながった例を紹介し合い、相手に伝わる工夫（「相手に伝わる声の大きさや速さ」「ジェスチャー」「反応」「ヒントの工夫」等）の必要性を再確認していく。

後半は、相手に伝わるようにさらに工夫しながらやり取りする子供の姿を期待する。

【「話すこと［やり取り］」の記録に残す評価】

◎学年の友達と What's this クイズを出し合って仲よくなるために、相手に伝わるように工夫しながら、あるものが何かを尋ねたり答えたりして伝え合っている。〈行動観察〉
・My すきなものハウスクイズを出し合っている様子を 3 観点から見取り、評価の記録を残す。

本時の展開　▷▷▷

1　本時のめあてについて知る

クイズを学年の友達と出題し合う目的を確認する。「仲よくなる」「みんなのことを知る」「自分のことを知ってもらう」等の目的を確認する。また、今回は同じクラスの友達ではなく他のクラスの友達と交流することを確認する。

2　「すきなものハウス」クイズを出し合う（前半）

クイズは体育館内を自由に歩き、ペアで出題し合うようにする。他のクラスの友達と交流するようにする。工夫している子供に付箋紙（青：声の大きさや速さ、赤：反応、緑：ジェスチャー、黄：ヒントの工夫）を渡し評価していく。

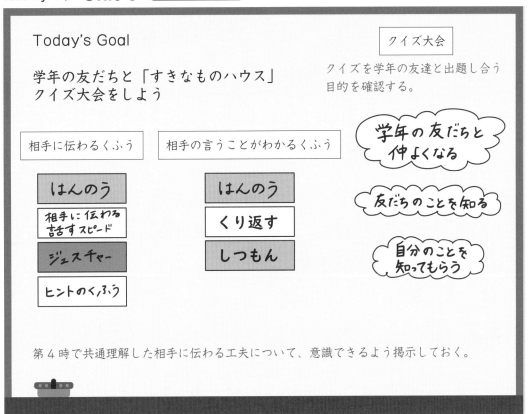

3 「すきなものハウス」クイズを出し合う（後半）

　前半の後、答えにつながった例を紹介し合い、「声の大きさや速さ」「ジェスチャー」「反応」「ヒントの工夫」等、相手に伝わる工夫の必要性を確認する。また、友達のことを推測しすぐに正解した子供を紹介し、相手のことを推測するよさに目を向けられるようにする。

4 クイズを通して学んだことを振り返る

　本時のめあて「学年の友達と『すきなものハウス』クイズ大会をしよう」が達成できたか、振り返りカードの顔の絵を丸で囲むようにする。また、この単元で学んだことやこれからがんばりたいことなどを自由記述欄に記入していく。

第3時 クイズの答えにつながるヒントをみんなで考える

活動の概要

第3時において、Activity ヒント・クイズ、先生の「すきなものハウス」クイズ（ヒントあり）を行った後に行う。解答者だけが答えを知らない状況のもと、解答者が正解できるようにみんなでヒントを考え出していく。クイズの後、どのようなヒントが答えにつながったかを解答者に尋ね、答えにつながるヒントの出し方について考えるようにする。単元の目標であるクイズを出す活動につながる活動であるので、興味をもって取り組むことを期待する。

活動をスムーズに進めるための3つの手立て

①ヒントの視点を掲示
子供から出されたヒントの視点を掲示し、ヒントを考える手がかりとする。

②掲示用絵カード
本単元で扱った絵カードを全て掲示し、ヒントを考える手掛かりとする。

③振り返りの場の設定
どのヒントが答えにつながったか解答者に尋ね、ポイントを整理する。

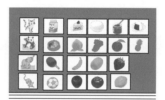

（解答者）Cさんの「Circle.」でグレープフルーツだと分かりました。

活動前のやり取り例（クイズ・ヒントあり）

T：This is my すきなものハウスクイズ.
　　What's this?

C：Hint, please.

T：O.K. It's a fruit.

C 1 ：Peach?

T：No, sorry.

C：Hint, please.

T：O.K. It's red.

C 2 ：Apple?

T：That's right. I like apple cake.
　　It's so delicious.

活動前のやり取りのポイント

ヒントは、①カテゴリー（It's a fruit.）、②色（It's red.）、③その他（形：It's a circle.／国：It's from Australia.）とくり返し聞かせることで、どのようなヒントを出すとよいかイメージできるようにする。教師がクイズに答える際には、I like apple cake. のように、自分の好きなことをより詳しく伝えると、「自分のことを知ってもらう」という本単元のゴールとつながるであろう。

　まず、「相手に正解してほしい」「クイズを楽しんでもらいたい」という今回のクイズの目的を確認する。そのために、「相手が答えられるようなヒントを出せるようになりたい」という思いを大切にして活動に入る。クイズの後、どのようなヒントが答えにつながったかを解答者に尋ね、答えにつながるヒントの出し方について考えるようにする。「季節を言うといい」等、子供の気付きを引き出すようにする。

活動後のやり取り例（ヒントを考え、ペアでクイズを出し合う）

C 1 ：What's this?

C 2 ：Hint, please.

C 1 ：O.K. It's an animal.

C 2 ：Dog?

C 1 ：No, sorry.

C 2 ：Hint, please.

C 1 ：O.K. It's black & white.

C 2 ：Panda?

C 1 ：That's right. I like the movie, "Kung fu panda".

活動後のやり取りのポイント

クイズの出し方については、あまり型にはめすぎないようにすることが大切である。子供たちの「言いたい」「聞きたい」という思いを大切にし、子供たちがクイズのヒントを工夫して出せるように支援する。

Who are you?

（ 5 時間 ） 【中心領域】 聞くこと、話すこと [やり取り]

単元の目標

図書ボランティアに絵本の読み聞かせをするために、まとまった話のおおよそを聞いて分かったり、絵本の場面に合う台詞を考えてやり取りしたり、場面の内容について、質問したり答えたりして伝え合う。

第 1 ・ 2 時	第 3 時
第 1 小単元（導入・展開①）	第 2 小単元（展開②）
読み聞かせを聞いて大体の内容を推測し、くり返しの台詞を聞いたり真似したりしながら、相手は誰かと尋ねたり答えたりする表現に慣れ親しむ。	相手は誰かと尋ねたり答えたりする表現や既習の表現等を用いて、最後の場面の台詞を考えたり、その台詞を使って友達とやり取りしたりする。
1・2　絵本の読み聞かせを聞き、台詞を真似して読み聞かせをしよう ① Let's Sing : "The Rainbow Song" (p.15) ②読み聞かせを聞いてどんなお話か考える 　教師とやり取りしながら前半はテキスト p.34〜36 の読み聞かせを聞く。 　後半はテキスト p.37、38 の読み聞かせを聞き、登場動物を出し合い、話の大体の内容を推測する。 ③クラップゲーム 　動物の言い方に慣れ親しむ。 ④どのページかな 　絵本のくり返しの台詞に慣れ親しむ。	3　最後の場面「十二支の森」の台詞を考えて読み聞かせをしよう ① Let's Chant : "What do you like?" (p.19) ②最終場面の動物たちの台詞を考えて友達と台詞のやり取りをする 　テキスト p.39、40 の読み聞かせを聞き、くり返しの台詞の言い方で十二支の動物がどう答えるかを考える。 　子犬の台詞の最後 "Who are you?" は竜への問いかけであることを理解し、竜がどう答えたかを考える。

本単元について

【単元の概要】

　3 年生の最終 Unit として絵本を題材にした単元となっている。まずは、絵本の読み聞かせを聞いたり台詞を真似したりしながら、相手が誰か尋ねたり答えたりする表現に慣れ親しむ。また、最後の「十二支の森」の場面では、くり返しの台詞を参考にして自分たちで台詞を考え読み聞かせをする。単元のゴールには続きの場面「お話の森」を示し、知っている物語の主人公を森に隠してその台詞を考えたり、隠れている主人公を探す子犬になってクイズを出し合ったりしながら、それまでに慣れ親しんだ表現を使って相手とやり取りする言語活動を設定している。

【本単元で扱う主な語彙・表現】

《語彙》

dragon, snake, tiger, sheep, chicken, wild boar, long, shiny, scary, round, furry

《表現》

Are you（a dog）？

Yes, I am. /No, I'm not.

I see something red. Are you a?

Who are you? I'm a rabbit.

《本単元のクラスルーム・イングリッシュ》

Let's listen to the story.

Sit down here. Can you hear me?

What's next?

単元の評価規準

[知識・技能]：動物や状態・気持ちを表す言い方やWho are you?　I'm 〜. 等の表現を用いて、誰がどんな様子で、それは誰なのかを尋ねたり答えたりすることに慣れ親しんでいる。

[思考・判断・表現]：簡単な語句や基本的な表現を用いて、場面に合う台詞を考えてやり取りしたり、内容について質問したり答えたりして、伝え合っている。

[主体的に学習に取り組む態度]：簡単な語句や基本的な表現を用いて、場面に合う台詞を考えてやり取りしたり、内容について質問したり答えたりして、伝え合おうとしている。

第4時	第5時
第3小単元（展開③）	第4小単元（まとめ）
続きの場面の読み聞かせを聞き、森に隠れているお話の主人公を探すために、質問したりクイズに答えたりする。	続きの場面で、お話の主人公についてクイズを出題したり答えたり、主人公の台詞を自由に工夫しながら読み聞かせをしたりする。
4．続きの場面「お話の森」をクイズで読み聞かせしよう① ① Let's Chant : "What do you want?"(p.27) ②「Who are you? 十二支リレー」 ③続きの場面「お話の森」に隠れているお話の主人公を、子犬になって見付ける 続きの場面「お話の森」があることを知り、どんな場面か興味をもって読み聞かせを聞く。森のお家に隠れているお話の主人公を、子犬になって見付けるために、隠れているお話の主人公役の教師に質問したりクイズに答えたりする。	5．続きの場面「お話の森」をクイズで読み聞かせしよう② ①「Who are you? 十二支リレー」 ②続きの場面「お話の森」に隠れているお話の主人公を、クイズで探し出す 自分で選んだ物語の主人公を「お話の森」に隠して、クイズに出題したり答えたりする。 ③絵本をみんなで読み聞かせし合おう 登場人物になりきって台詞や表情の工夫をしたり、くり返しの台詞をリズミカルに言ったりしながら、ペアになって互いに読み聞かせる。続きの場面「お話の森」の主人公の台詞も自由に工夫しながら楽しく読み聞かせる。

※本単元における「聞くこと」については、目標に向けて指導は行うが、記録に残す評価は行わない。

【主体的・対話的で深い学びの視点】

　子供が慣れ親しんでいる語句や表現はわずかであるが、絵本の読み聞かせでは絵や読み手の表情、ジェスチャーを手がかりに大体の内容を推測しようとするであろう。また、何度もくり返される台詞を真似しながら、相手は誰かを尋ねる表現に自然と慣れ親しむことができると考える。最後の場面や続きの場面で台詞を考えたりクイズを出し合ったりする活動では、絵本を基にやり取りをし、コミュニケーションの楽しさを感じるであろう。単元学習後には、お世話になっている図書ボランティアに英語で絵本の読み聞かせをしてお礼の気持ちを伝えることを知らせ、活動への意欲を高めたい。

【評価のポイント】

　本単元では、「話すこと［やり取り］」の評価を行う。「聞くこと」については、第3学年最後のまとめとして、まとまった話のおおよそを聞いて分かっているかどうかを授業で観察し、指導に生かすようにする。「話すこと［やり取り］」は、第3時に自分で考えた台詞での友達とのやり取りで、前述の表現を用いて尋ねたり答えたりすることに慣れ親しんでいるか、第5時では話の内容に合うヒントを考えたり、答えにつながる質問をしたり答えたりしているかを行動観察や振り返りカードで見取る。

本時の目標

　単元のめあてを知るとともに、絵本の読み聞かせを聞いて、場面絵や読み手のジェスチャーや表情を手がかりにし、話の大体の内容や登場する動物をつかむ。

準備する物

・十二支絵カード（ワークシートを拡大印刷）
・単元計画（掲示用）⇒授業後は教室掲示
・デジタル機器で拡大テキスト（読み聞かせ用）
・振り返りカード（個人用）

本時の言語活動のポイント

　1回目の読み聞かせは、読み手の教師が表情やジェスチャーなども加えながら、楽しく絵本のお話に子供を出合わせる。デジタル機器でテキストの絵を拡大して提示するとよい。2回目の場面に分けた読み聞かせでは、子犬の台詞 I see something 〜. や、I'm 〜. を何度かくり返したり強調した読み方をしたりして、子供が注意深く聞けるようにする。また、読み聞かせの途中で子供と英語で簡単なやり取りをし、動物の名前やその様子について、理解を促す。

【「聞くこと」の指導に生かす評価】

◎本時では記録に残す評価は行わないが、目標に向けて指導を行う。
・場面ごとの読み聞かせを聞く活動で、相手は誰かと尋ねる表現等について理解しているかを観察する。理解が不十分な子供には、その表現だけを取り出しくり返し聞かせ、理解を促す。

本時の展開 ▷▷▷

1 単元のめあてを知り、絵本の読み聞かせを聞く

　単元のめあてを「絵本の読み聞かせをしよう」とし、絵本で3年生での学習のまとめをすることや、図書ボランティアに英語での読み聞かせを聞いてもらうことを知る。本時では読み聞かせを聞き、教師の問いかけ等に自由に答えながら大まかな内容を捉える。

2 場面ごとの読み聞かせでどんな動物が登場するかを聞く

　森での動物たちのかくれんぼの話で、オニ役が子犬であることを押さえた後、どんな動物が隠れているか、聞いて理解する。テキストp.34〜40の3つの場面の読み聞かせを聞き、登場する動物の英語での言い方や、動物の様子を表す言い方を知る。

板書のポイント：単元の学習計画を模造紙で示す。本時後は掲示する。
板書以外にICT機器で場面絵を示し、読み聞かせる。

January. 25th Friday　　　絵本「Who are you?」

めあて　絵本の読み聞かせを聞こう
　　　　絵本「Who are you?」はどんな
　　　　お話かな

・森でかくれんぼをしている
・子犬がオニ
・出てくる動物　うさぎ、さる、ねずみ…

Unit 9　p.34～40「Who are you?」
単元のめあて　絵本「Who are you?」の
読み聞かせをしよう
1　絵本の読み聞かせを聞こう
2　「せりふをまねして」読み聞かせをしよう
3　「せりふを考えて」読み聞かせをしよう
4　「クイズで」読み聞かせをしよう①
5　「クイズで」読み聞かせをしよう②
　　→ボランティアさんに読み聞かせをしよう

3　クラップ・ゲームをする

　プレイヤーを1人指名。教師が「〇〇 snake」と「〇〇」手拍子2回の後に動物の名前を1つ言う。その後、全員で同じように「〇〇 snake.」とくり返し、全員での手拍子4回の後、プレイヤーは黒板上のsnakeのイラストを指示棒で指す。5個連続正解でクリア。

4　本時の振り返りをする

　「どんな動物が出てきて何をしているお話だったか、聞けたかな」と学びを振り返らせる。振り返りカードに記入したら、次時のめあて「台詞を真似して読み聞かせをしよう」を知り、次の学習でもお話を楽しもうと、次時につなぐ。

絵本「Who are you?」の台詞を真似して読み聞かせをしよう

本時の目標

くり返しの台詞を真似したり、役割を分担し台詞を言ったりして、台詞の表現に慣れ親しむ。

準備する物

- ・十二支絵カード（ワークシート・個人用）
- ・6つの動物絵カード（掲示用）　・指示棒
- ・6つの動物絵カード（個人用）
- ・デジタル教材 "The Rainbow Song" の歌
- ・拡大テキスト（読み聞かせ用）

本時の言語活動のポイント

子供は前時の読み聞かせで絵本の話の大体を理解していると思われる。そこで本時では、くり返しの台詞を教師と一緒に発話させ、I see something ～. Are you …? の表現に慣れ親しませる。その際、楽しく発話できるように、全員で声をそろえて言ったり、声色を変えて言ったり、ジェスチャーを付けて言ったりさせる。また、子犬役と動物役に分かれて台詞を言うことも考えられる。子供が楽しみながら何度も台詞を言ったり聞いたりすることで、これらの表現に慣れ親しむことがねらいである。

【「聞くこと」の指導に生かす評価】

◎本時では記録に残す評価は行わないが、目標に向けて指導を行う。

・場面ごとの読み聞かせを聞く活動で、相手は誰かと尋ねる表現等について理解しているかを観察する。理解が不十分な子供には、その表現だけを取り出しくり返し聞かせ、理解を促す。

本時の展開 ▷▷▷

1 Let's Sing "The Rainbow Song"（p.15）

今まで学んだ英語の言い方のうち、本時ではUnit 4 p.15の Let's Sing にある "The Rainbow Song" で、色の言い方を思い出す。その後、本時のめあてを単元計画表で確認し、学習の見通しをもつ。

2 読み聞かせを聞く

教師はくり返しの台詞を、子供が真似して言いたくなるように間を置き、発話を促しながら読み聞かせをする。子犬役と隠れている動物役で分担したり、ジェスチャーを付けたり、声色を工夫したり、楽しくみんなで台詞を言えるようにする。

板書のポイント：くり返しの台詞を教師と一緒に発話する。

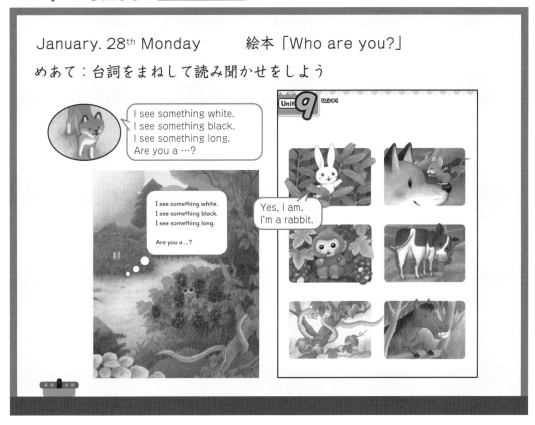

January. 28th Monday　　絵本「Who are you?」

めあて：台詞をまねして読み聞かせをしよう

I see something white.
I see something black.
I see something long.
Are you a …?

I see something white.
I see something black.
I see something long.

Are you a …?

Yes, I am.
I'm a rabbit.

Unit 9

---

3 どのページかな

long だから
ヘビだね！

このページだね

　教師が言う台詞を聞いて、ペアで1冊のテキストで行う。台詞のページをペアで協力して指さす。その後、ペアで子犬や他の動物になりきり、教師と一緒に台詞を言う。

4 本時の振り返りをする

　「台詞を真似して読み聞かせができたかな」と、本時のめあてが達成できたかを振り返る。振り返りカードに記入したら、次時のめあて「最後の場面の台詞を考えて読み聞かせしよう」を知り、次時につなぐ。

最後の場面「十二支の森」の台詞を考えて読み聞かせをしよう

本時の目標

最後の場面「十二支の森」の動物たちについて、台詞を考えたり、役割を分担して台詞のやり取りをしたりして、相手は誰か尋ねたり答えたりする。

準備する物

・最後の場面「十二支の森」場面絵
・十二支動物を並べたイラスト（掲示用）
・デジタル教材チャンツ "What do you like?"
・拡大テキスト（読み聞かせ用）

本時の言語活動のポイント

子供は前時で、役割を分担したりジェスチャーを付けたりしながら、台詞を言ったり聞いたりしている。本時では、最後の「十二支の森」の場面を取り上げ、子犬の Are you a…? の問いかけに十二支の動物たちがどう答えたか、考えてやり取りさせる。また、最後に出てくる竜が、子犬の Who are you? の問いにどう答えたかも教師の実演を参考にして考えさせる。その際は、既習の表現を使って、くり返し出てきた台詞のパターン以外の言葉も付け加えさせて自由に考えさせたい。

【話すこと［やり取り］】の記録に残す評価

◎十二支の動物と子犬との台詞を、相手は誰かと尋ねたり答えたりする表現を使ってやり取りしている。（観察評価・振り返りカードの記述評価）
・相手は誰かと尋ねたり答えたりする活動を3観点から見取り、記録を残す。

本時の展開 ▷▷▷

1 Let's Chant "What do you like?" (p.19)

今まで学んだ英語の言い方のうち、本時では Unit 5 p.19の Let's Chant "What do you like?" で、色や果物、食べ物の言い方を思い出す。その後、本時のめあてを単元計画表で確認し、学習の見通しをもつ。

2 教師と一緒に読み聞かせをする

I see something red.

I see something red.

まず、教師が読み聞かせをする。その際、子供と一緒に台詞を言うよう促す。次にペアで子犬や他の動物になって、教師と一緒に読んでいく。その際、自由に台詞を加えるようにする。

3 ：最後の場面「十二支の森」のせりふを考えて読み聞かせをしよう

活動のポイント：くり返す台詞の言い方だけでなく、自由に台詞を付け加えさせる

最初は、教師が子犬の台詞を言って、トラの台詞をみんなで考えさせる。代表の子供を指名し、前で実演をさせる。その後、ペアになって、トラ、羊、にわとり、いのししについて、見付けた子犬と見付けられたそれぞれの動物の台詞を言わせる。列ごとに考える動物を割り振ったり、どれか 1 つの動物を選んだりしてやり取りさせる。「最後の Who are you? の台詞で見付かったのは何か」と問い、竜のせりふは全員で考えさせる。

3 「十二支の森」の台詞を考えてやり取りし合う

「十二支の森」に登場する動物たちが子犬の問いかけにどう答えたかを考える。最後のWho are you? の台詞では、紙面のイラストから竜への問いかけであることを押さえ、子犬と竜役に分かれて考えた台詞でやり取りする。

4 本時の振り返りをする

「十二支の台詞を考えて読み聞かせできたかな」と問い、教師が "Who are you?" と尋ね竜の台詞を言わせる。振り返りカードに記入し、次時のめあて「クイズで読み聞かせに答えよう」を知り、次時につなぐ。

第4時 続きの場面「お話の森」をクイズで読み聞かせしよう①

本時の目標

続きの場面「お話の森」のお家に隠れている主人公は誰かを、既習表現を使ったクイズで尋ねたり答えたりする。

準備する物

- 最後の場面「十二支の森」場面絵
- 十二支動物を並べたイラスト（掲示用）
- 続きの場面「お話の森」場面絵
- 森のお家イラスト（窓付き）
- デジタル教材チャンツ "What do you want?"

本時の言語活動のポイント

本時では、続きの場面としてお話の主人公たちが住んでいる「お話の森」の場面を設定する。森の家に隠れているお話の主人公を見付けようと投げかけ、主人公役の教師とやり取りをする。家の窓に見えている姿の一部を絵本のくり返しの台詞のように "I see something red. Are you …?" と言わせる。教師はヒントを1つだけ示す。それでも正解できないときは、"Questions, OK." と、子供に答えにつながる問いかけを自由に言わせる。既習の表現を使ってヒントとなる情報を聞き出すようにする。

【「話すこと［やり取り］」の記録に残す評価】

◎「お話の森」で隠れている主人公を見付けるために、相手は誰かと尋ねる表現等について教師とのやり取りの中で理解している。（知・技）（観察評価・振り返りカードの記述評価）
- 相手は誰かと尋ねている様子を観察し、記録に残す。

本時の展開 ▷▷▷

1 Let's Chant "What do you want?" (p.27)

今まで学んだ英語の言い方のうち、本時では Unit 7 p.27 の Let's Chant である "What do you want?" で、色や形の言い方を思い出す。その後、本時のめあてを単元計画表で確認し、学習の見通しをもつ。

2 「Who are you 十二支リレー」をする

Who are you?
I'm a mouse. I'm a cow.

十二支の順番で動物役を割り振る。全員で "Who are you?" と尋ね、ネズミ役の子供から順に "I'm a mouse." と答える。そのやり取りを12回スムーズに続け、最後の猪までいけたらゴール。言えなかったり、つまずいたりしたら、そこから再度動物役を割り振り、やり直す。

3 続きの場面「お話の森」をクイズで読み聞かせしよう①

活動のポイント：お話の主人公を見付ける。森のお家の窓には物語『おにたの帽子』の主人公の「おにた」の三角帽子が見えている。

教師はお家に隠れている
主人公の絵カードを後ろ
に隠している。

紙面の右側に配置し、
黒板に掲示する。

3 続きの場面「お話の森」で台詞
のやり取りをする

続きの場面は、あるお話の主人公たちが隠れている「お話の森」で、子犬役として森のお家に隠れている主人公たちを見付けることを知る。お家の窓から少しだけ見えている姿や、主人公役の教師とのやり取りを通して、誰が隠れているかを考え発表する。

4 本時の振り返りをする

「続きの場面のクイズで読み聞かせに答えられたかな」と、本時のめあてが達成できたかを振り返る。次時のめあては「続きの場面をクイズで読み聞かせをしよう」で、「お話の森」に隠れた主人公たちの台詞をクイズでやり取りして読み聞かせすることを知り、次時につなぐ。

続きの場面「お話の森」をクイズで読み聞かせしよう②

本時の目標

続きの場面「お話の森」で隠れている主人公は誰かを、既習の表現を使ったクイズで尋ねたり答えたりする。

準備する物

・最後の場面「十二支の森」場面絵
・十二支動物を並べたイラスト（掲示用）
・続きの場面「お話の森」場面絵
・森のお家イラスト（窓に主人公の一部）
・お話主人公リスト（日本語・掲示用）

本時の言語活動のポイント

本時では、「お話の森」で主人公クイズをお互いに出し合い、絵本の台詞 I see something red. Are you…?　の後、既習の表現を使ってヒントとなる情報を聞き出すようにやり取りさせる。今まで学んだ言葉はもちろん、表情やジェスチャーなども加えながらクイズ形式のやり取りでの読み聞かせとする。隠れている主人公は、国語科で学んだことのある物語やみんながよく読んでいる図書館の絵本などから、リストを作って提示しておくことで、考えるヒントとしたい。

【「話すこと［やり取り］」の記録に残す評価】

◎「主人公クイズ」で隠れている相手は誰かを尋ねる表現等についてやり取りしたり、これまでに慣れ親しんだ表現を用いてクイズに答えるための情報を尋ねたり答えたりしているか等を3観点で見取り、記録する。（観察評価・振り返りカードの記述評価）

本時の展開 ▷▷▷

1 「Who are you 十二支リレー」をする

十二支の順番で動物役を割り振る。全員で "Who are you?" と尋ね、ネズミ役の子供から順に "I'm a mouse." と答える。そのやり取りを12回スムーズに続けて、最後の猪までいけたらゴール。リズムにのってスムーズに言えないとそこから再度動物役を割り振り、やり直す。

2 続きの場面「お話の森」での主人公クイズの方法を知る

最初に教師が子供に実演するよう促し、くり返しの台詞のやり取りや、その後の質問の仕方を示す。2問程度出題し、ヒントを1つ言う、その後は答える側の質問に答える。質問をした人に解答権がある。

3 続きの場面「お話の森」をクイズで読み聞かせしよう

活動のポイント：くり返す台詞の言い方に加え、クイズのヒントになるように３つの
ヒントを言ったり、質問したりさせ、やり取りをしながらお話の森
の主人公を考える。グループは３人程度がよい。

窓から隠れている主人公の姿が
少し見えるイラストを用意。

出題：Are you ready?
解答：Yes.
出題：森のお家のイラストを見せる
解答：I see something yellow. Who are you?
　　　Hint, please.
出題：I like *itazura*. Queston, OK.
解答：Do you like Hyoju?
出題：Yes, I do.
解答：I know. Gongitsune?
出題：Yes!

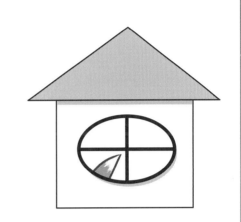

3 主人公クイズのやり取りで「お話の森」の読み聞かせをする

「お話の森」主人公クイズを、グループ対抗
で出題し合う。主人公が１人隠れた森のお家
のイラストをグループに１枚用意し、相手の
グループと順に出題し合う。活動後、希望する
子供が学級全員へ別に用意した絵で出題し、ク
イズでの読み聞かせとする。

4 本時の振り返りをする

「続きの場面をクイズで読み聞かせできたか
な」と本時を振り返り、次はお世話になってい
る図書ボランティアさんに、朝読書の時間に英
語で読み聞かせを披露することを知る。最後に
全員で絵本 Who are you? を読み、学習のまと
めとする。

第5時 続きの場面「お話の森」での主人公クイズ

活動の概要

絵本の続きの場面「お話の森」では、国語科や読書の時間に読んだ物語の主人公が隠れている。その主人公を見付けるために、出題者からのヒントを聞いたり答えにつながる質問をしたりする活動である。前時では教師が出題者で、子供が主人公を見付けようと質問をする側であった。本時ではグループごとに選んだ物語の主人公を隠して、他のグループメンバーに出題したり相手のグループのクイズに答えたり、双方の立場でクイズを出し合いやり取りをする。

活動をスムーズに進めるための3つの手立て

①手立ての提示	②イラストを選ぶ	③ヒントを考える
最初に教師がデモンストレーションで主人公クイズの方法を子供に知らせる。	主人公を隠した家のイラストを、グループの数だけ用意し、1枚選ばせる。	イラストに隠れている主人公について、どんなヒントを出すか考える。

 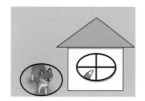 

活動前の教師による実演

T（出題側）：Are you ready? ➡ C全（解答側・子犬）：Yes.

（森のお家のイラストの赤ずきんを付箋紙で隠して見せる）

T：I see something red. ➡ C全：I see something red. Who are you? Hint, please.

T：Hint No. 1．I don't like wolves.（オオカミのイラスト）Hint No. 2．Question time.

C 1：Do you like apples? ➡ T：Yes, I do. Answer, please.

C 1：Momotaro. ➡ T：No. Sorry. Next question, please.

C 2：Do you like red? ➡ T：Yes, I do. Answer, please.

C 2：Akazukin *chan*. ➡ T：Yes. That's right. I'm Akazukin *chan*.

（付箋紙の窓をはがして、赤ずきんのイラストを見せ、確認する）

実演のポイント

前時に同様のクイズを教師が出題し、子供は上記と同様のやり取りを経験している。本時では、再度教師から出題し、前時のやり取りを想起させる。

　隠れている主人公の一部分を見せながらそれを表す語句を使って I see something
〜. Are you 〜? の言い方で尋ねさせるとよい。出題者は既習表現を使って１つだ
けヒントを伝え、あとは、解答者からの質問に答える。その場で質問するやり取り
であるが、１年間のまとめとして既習表現を使って、グループで協力して取り組
ませたい。創作した場面をクイズ形式のやり取りで楽しみ、英語の絵本でもいろい
ろな読み方や楽しみ方があることに気付かせ、外国語学習への意欲につなげたい。

**メイン
活動**　解答側のグループにイラストを見せながら出題する。
正解したら窓に貼っている付箋紙をはがし、隠れている主人公のイラ
ストを見せる。

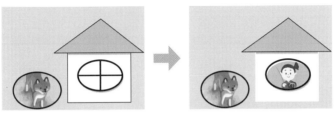

解答：I see something long. Who are you?　　解答：Do you like Otohime?
出題：Hint No. 1 . I like turtles.　　　　　　　出題：Yes, I do.
　　　Hint No. 2 . Question, OK.　　　　　　　解答：Urashimataro?
　　　　　　　　　　　　　　　　　　　　　　出題：Yes. That's right.

この活動における評価の場面

○出題者：隠れている主人公役として
・自分たちが選んだ主人公が隠れているイラストを基に、I see something 〜. の表現を考えて
　表現しているか。
・Hint No. 1 の表現を、その物語の主人公につながる内容を考え表現しているか。
　　例：「浦島たろう」だとしたら→ I like turtles.
・解答者からの質問に主人公役として答えているか。Do you like *Otohime*? → Yes, I do.
○解答者：主人公を見付ける子犬役として　　　　　　　　　　↑
・答えの予想を付けて、出題者にその予想に関係する内容の質問を考え尋ねているか。
・ヒントをもとに隠れている主人公を考え、答えているか。

評価のポイント

「話すこと［やり取り］」の「思考・判断・表現」と「主体的に学習に取り組む態度」に係る評価規
準を基に、評価を行う。グループ内での相談の様子や実際に発話する際の様子をよく観察し、振り
返りカードに記入したクイズを楽しむために工夫したことや考えたことを基に記録に残す。

巻 末 付 録

各 Unit に関連してできる活動を
紹介しています。Unit 内のどの
時間に組み込むとより効果的か提
案していますが、かならずしも授
業中だけでなく、朝の時間などに
行えるような短時間でできる活動
を集めました。「基本型」に慣れ
たら「発展型」にもチャレンジし
てみてください。

基本型　グリーティング・トラベリング

活動の進め方

　第1時において、導入の Let's Watch and Think の動画視聴を行った後に行う。教師がジェスチャーを付けて、8種類の世界の国々の挨拶をランダムに言い、英語で国名を言う。子供はその挨拶をくり返して言い、英語で国名を言う。最後にみんなで "Let's, let's, let's be friends!" とリズムよく言う。まずは、恥ずかしがらずに挨拶が返せる雰囲気を作ることに配慮し、名前とメッセージは、スモールステップで言えるようにしたい。

活動を効果的に行うためのポイント

①外国語活動への導入
外国語活動の一番最初の授業である。「挨拶で世界旅行をしよう」と場面設定し、ジェスチャーを付けて楽しく挨拶をする。まずは聞かせて、それから真似をさせる。

②表現への着目
世界の挨拶に慣れてきたら続けて "I'm ○○ ." と言う。子供は教師の名前を真似て言うだろう。楽しい雰囲気の中で「先生と同じ名前がいっぱいいるね」と言い、言葉や表現への着目を促す。

③チャンツから学ぶ
世界の挨拶、名前の言い方に慣れてきたら、握手しているジェスチャーをしながら "Let's, let's, let's be friends!" と言う。「どんなメッセージが伝わるかな？」と問い、チャンツを視聴し歌う。

発展型 # ワールドジェスチャー・グリーティング

活動の進め方

　単元目標である、「相手に伝わるように工夫しながら挨拶をして仲よくなろう」に関連する。アイコンタクトや笑顔、ジェスチャーのよさを体験的に学ぶことができる。自分の気持ちが伝わるように、オリジナルのジェスチャーや握手、ハイタッチなどをしてもよいことを伝えると、子供なりに思考しながら活動するだろう。

1　教師がジェスチャーで世界の挨拶をする

T 　：（両手を胸の前で合わせるジェスチャーをする）
C1：ナマステ！
T 　：Yes！ナマステ, I'm ○○！　　全：ナマステ！I'm ○○！
T 　：Let's, let's…?（握手をしているジェスチャー）
全 　：Let's be friends!（教師も一緒に言う）

2　子供からジェスチャー挨拶をする

ALT：（ニーハオのジェスチャー）
T 　：Everyone, what does ○○先生 say?
C3：ニーハオだ！中国の挨拶！
ALT：ニーハオ！I'm ○○！ Let's, let's…?
全 　：ニーハオ！I'm ○○！Let's be friends!

3　ペアでジェスチャー挨拶をする

C1：ジャンボ！（片手を元気よく上げている）
C2：ジャンボ！（相手の真似をする）
C1：I'm C1!　　C2：I'm C2! Let's be friends!
※相手の挨拶を真似ている子供を見付け称賛し、紹介する。

4　みんなでジェスチャー挨拶をする

C3：Hello!（両手を振る）
C4：アンニョハセヨ.（おじぎをする）
C3：I'm C3!　　C4：I'm C4!
C34：Let's, let's, let's be friends! See you.

※自分の興味のある国の挨拶で返事をしている
　子供を見付け称賛する。また、さよならの挨
　拶などを付け加えている様子も紹介する。

活動を効果的に行うためのポイント

はじめに世界の挨拶をジェスチャー付きで何度か聞かせた上で、子供に教師と一緒に言わせ、ペアでのやり取りにつなげる。活動のルールを捉えさせてから、中間指導等を通して伝え合うための工夫をしている姿を称賛する。実態に応じて、少しずつ発話内容を増やしていくとよいが、まずは、「外国語を使ったコミュニケーションは楽しい」という子供の思いを育みたい。

基本型　## トリック・リピーティング

活動の進め方

　第1時において、感情や状態を表す語彙を導入した後に行う。本単元の目標である「感情や状態を尋ねたり答えたりする」に関わる活動である。機械的なくり返しにならないように、短時間で集中して楽しく行う。「暑い」「のどが渇いた」など、紙面で紹介されていない語彙を使いたい子供も出てくる。自分の言いたいことを求める姿を大いに称賛し、ゲームの語彙に加える。

活動を効果的に行うためのポイント

①教師の提示の仕方
"How are you today? ○○さん？" と子供に尋ね、答えたものからカードを提示していく。やり取りを通して、絵カードを横一列に並べながら掲示していく。

②言いたいことを言う
「暑いって何て言うの？」など、紙面に載っていない語彙の言い方を尋ねてくる子供が出てくる。ジェスチャーを使い、言いたいこと、知りたい語彙を引き出し、そのイラストを板書する。

③ゲーム活動を行う
黒板に掲示してあるカードやイラストの順に表現を言い、くり返させる。教師は時々、絵と違う表現を言う。子供が絵と言葉を結び付けて、思考しながら活動できるよう工夫する。

Let's Watch and Think
（セリフづくり）

発展型

活動の進め方

　第2時の Let's Watch and Think 1 の前に行う。単元目標は表情やジェスチャーを付けて相手に伝わるように工夫することである。3年生の発達の段階において、表情は、ジェスチャーに比べ、意識して着目させないと捉えにくいこともある。紙面は遠足の場面である。自らの生活経験を基に、状況や登場人物たちの表情から、どんな会話をしているか、お話づくりをさせてから Let's Watch and Think を行う。表情や気持ちを込めた言い方の大切さへの気付きが深まるだろう。

1　p.6〜7の場面を紹介する

T　：Look at the TV. Oh, they're eating *obento*. What event?
全　：えんそく！
T　：That's right. It's a field trip. Are they happy? Happy *obento* time?
C1：おにぎり落ちてる！　　T：Oh, is he happy?

2　セリフづくり

T　：どんなお話をしながらお弁当タイムを過ごしているかな？2人の会話を想像してみよう。※ペアで相談後に行う。（5分程）
　　　自分だったらどんな気持かな？吹き出しをつくって書いてね。

3　絵と内容を結び付けて聞く活動

T　：Now, let's watch and think about this boy
　　　with a white cap.（大型テレビで指し示す）
C2：おなか一杯になって I'm sleepy. だと思うな。
C3：Me, too. I'm sleepy.って言いそう。
C4：I'm tired. かもしれないね。
※関心をもって聞こうとする姿を称賛する。

4　子供の思いを引き出す答え合わせ

音声を聞いた後は、単なる答え合わせにならないように配慮する。
人それぞれ言い表し方が異なることを理解したり、表情・場面や
状況から、相手の思いを考えたりしたことを大いに称賛する。

活動を効果的に行うためのポイント

本単元では非言語コミュニケーションへの気付きを促し、単元のゴールで実際に体験させる活動が設定されている。本活動を通して丁寧にその価値に気付かせたい。子供の学習過程、発達の段階や外国語活動の特性上、今後もジェスチャーの有効性に対する理解を深める機会は多くある。一方、表情の働きについて思考することは見落としがちである。本活動で表情が人間の気持ちや言葉を支えていることについても学ばせたい。

How many? フラッシュ・クイズ

活動の進め方

　この活動で扱う How many? は、数の言い方に慣れ親しませながら、「数を尋ねる言い方」として単元初期に導入する。動物や食べ物などの絵カードを使う。カードの絵が見えないように持ち、簡単な 3 ヒントを与え、何が描かれているかを想像させる。その後リズムよく "How many?" を 5 回くり返し、絵カードを一瞬だけ見せると子供も数を答え出し、徐々に歌うようになる。

活動を効果的に行うためのポイント

①活動の手順

※クイズで関心を高めると集中して聞く

T：My favorite animal. Let's guess. Hint 1. It's tall. Hint 2. It's yellow & brown. Hint 3. It has a long neck.（ジェスチャー）

C：Long, 首。きりん？

②活動の手順

T：How many? How many? How many? How many? How many? Flash！（一瞬見せる）

C1：きりん　C2：3！

T：English, please.

C1：えー何て言うかな？

C2：Three.

T：Yes, three. Three giraffes.

③表現の導入方法

はじめは動物名を答える子供が現れる。なかなか数を答えなければ、教師が "How many? One, two.." と数えると一緒に数え出し、意味を理解する。また、"How many?" はリズムよく言うと子供も一緒に言えるようになる。

発展型 # How many pens? 1,2,3![算数科]

活動の進め方

　ここでは、英語でのじゃんけん方法を紹介する。利き手を使い、指をペンに見立てて数の足し算じゃんけんをする。①ペアで（10までの数）、②3～4名で（15～20の数）、③3～4名で「心ぴったんこじゃんけん（あいこじゃんけん）」をし、全員が同じ数を出すまで続ける。掛け声は "How many pens? 1, 2, 3!" である。足し算に慣れてきたら引き算でもよい。最後は「心ぴったんこじゃんけん」をさせ、心が1つになる体験をさせてコミュニケーションの楽しさを味わわせる。

1　まずは教師と子供で行う

T　：Let's play たしざんじゃんけん！　　C：何それ？
T　：Try! How many pens? 1, 2, 3!（1本指をだす）
C1：えー？（チョキを出している）　　T：Three!
C2：そうか、グーチョキーパー以外でもいいんだね！

2　ペアで行う（0～10の数）

T　：Say it together! How many pens? 1, 2, 3!
C3：（グーを出す）　　C4：（パーを出す）
C34：Five!（同時に言って、ハイタッチ）
※勝敗を競わず、仲よく取り組んでいる様子を全体に紹介する。

3　3～4人組で行う（15～20の数）

C5678　：How many pens? 1, 2, 3! それぞれの数を出す。
C6：みんなで数えよう！1, 2, 3, 4, …。
※勝敗を競わず、助け合う姿を全体に紹介する。

4　「心ぴったんこじゃんけん」をする

T　：Change the rule! Try, first! How many
　　　pens? 1, 2, 3!（チョキを出す）
C8：Three!（1を出す）C9：Four!（2を出す）

T　：Wow! C9さんと心ぴったんこ！

Everyone, what's the new rule?
C　：今度はあいこじゃんけんをする！
T　：Let's try!　C：えー、できるかな？
T　：I know you can do it!

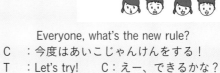

活動を効果的に行うためのポイント

この単元では、世界のじゃんけんを楽しみながら数の言い方に慣れ親しむ活動がある。じゃんけんは世界中で、手軽で仲よく遊ぶための手段として使われている。そこで、数を尋ねる言い方と数を答える練習的な活動として本活動を紹介した。導入でのウォーミングアップ的な活動だが、単に勝敗を競うだけにならないよう工夫し、心のつながりを感じることができるように仕組みたい。

基本型 # ぐるぐるレインボーソング（教室編）

活動の進め方

　第1時で虹の色塗りをし、"The Rainbow Song" を導入した後に行うことができる。はじめはデジタル音声通りに歌う。慣れてきたら友達の洋服の色を指さしながら歌う。次に教室内にある色を指さしながら歌い、身近な所にいろいろな色があることに気付かせる。第3時では自分の描いた虹の色を上（下）から順に（縦に塗った子は右・左など）指さしながら歌わせ、次にペアやグループで交換し、友達の描いた虹の色で歌うなどすると他者理解が深まる

活動を効果的に行うためのポイント

①活動の説明

T：Oh! ○○さん, your T-shirt is red. I like red. And yellow, and pink …
（指さしながらゆっくり "The Rainbow Song" を歌う）

C：先生、みんなの洋服の色でレインボーソングが歌えそうだね。

T：Nice idea! Let's try!

②視野を広げる

T：I see something red over there…and yellow and …?

C：今度は教室のいろいろな色を探して歌いたい。

T：OK! Can you find all colors? Let's try!

※ランドセル、なわとび、掲示物やマグネットなど

③虹の絵を交換

音声をリピート再生し、自分の虹を指さしながら歌う。再度曲が流れる前に近くの友達と交換させ、友達の虹を鑑賞しながら歌わせる。交換時は急ぎながらも、気持のよいやり取りをしている様子を称賛し紹介する

発展型 # みんなちがってみんないい［道徳］

活動の進め方

　第2時で Do you like 〜? Yes, I do./No, I don't. の表現を導入する際に行う。前年度の学級担任や、ALT の好きな食べ物、スポーツなどの絵カードをかご等に入れておく。そして、「最近○○先生に会ってないね。○○先生がみんなに絵カードで自己紹介をしたいらしいよ。どんな内容かな？」と問い、○○先生になりきって "I like 〜. Do you like 〜? Yes? No? 3, 2, 1. Go.!" と言って返事を求める。はじめはジェスチャーで返答させる。

1　活動の説明をする

T　：（○○先生の写真を見せながら）○○先生が、カードで自己紹介したいって。I like *sushi*. Do you like *sushi*? Yes? No? 3, 2, 1. Go!（腕で○か×を付ける動き）

C1：○○先生はおすしが好きだよ。好きな食べ物の紹介かな。

T　：That's right. I like green peppers. Do you like green peppers?

C2：えー！それ好きなの？僕、苦手！

T　：Oh, you don't like green peppers.（腕で×の動き）

C3：○○先生、自分の好みを言って、僕たちにも質問してるね。

2　「教師」対「子供」でやり取りをする

T　：Next card is…I like わさび. Do you like *wasabi*? Yes? No? 3, 2, 1. Go!

C　：（少しずつ、Yes/No を真似て言う子が出てくる）

T　：Everyone…, No, I don't.（絵カードをギザギザハートマークの板書した側に貼る）
　　　I like ice cream. Do you like ice cream? Yes? No? 3, 2, 1. Go!　　C：Yes!!

T　：Everyone…, Yes, I do.（絵カードをハートマークの板書した側に貼る）

3　好みの違いについて考える

絵カードを見せながらやり取りし、好き、苦手、分からないなどの気持ちを引き出す。「好き」側のカードが多くなると子供は「○○先生と好みが似ている」「先生ともっと仲よくなれそう」と言うだろう。

活動を効果的に行うためのポイント

好みを表す表現や尋ね方、答え方を、やり取りを通して導入することができる活動である。「好みが似ているとはどういうこと？」と問い「仲よくなれる」という子供の考えを承認する。次に、「好みが違うとどうだろう？」と問い直す。返答は様々だが「好みや考えはみんなちがって、みんないい」という他者理解につなげたい。また、本活動は単元末の自己紹介でのゴール活動のイメージとなる。

基本型

Guess Again!

活動の進め方

　単元のはじめに、表現の導入として行うことができる活動である。スポーツや食べ物などの絵カードの中から、1分以内に教師の本当に好きなものを1つ当てるという設定で行う。単元の導入時、子供は Do you like 〜? という表現しか知らない。しかし、教師が "No, I don't." と答え続けていくと、残り数秒となったときに子供は「じゃあ、何が好きなの！？」と思わず聞いてしまう。その状況を作り出し、質問に必然性をもたせる。

活動を効果的に行うためのポイント

①語彙の導入

T：Do you like grapes?

C：Yes, I do./No, I don't.

T：Do you like…?

　　（絵カードを見せて）

C：何て言うのかな？

T：似ているスポーツあるよね（ジェスチャー）。

C：テニス！

T：それをどこでやってる？

②表現に必然性をもたせる

T：Can you guess my favorite in a one minute?

C：Do you like apple（s）?

T：No, I don't. Guess again.

C：Do you like grapes?

T：No, I don't. Guess again.

（タイマーが鳴る）

C：えー！じゃあ、何が好きなの！？

③表現を捉えさせる

T：My turn. C 1 さん, do you like sports?

C 1：Yes, I do.

T：What sport do you like?

C 1：Baseball.

C：早い！すぐに分かったね。

T：What did I say?

C：What sport do you like?

T：That's right.

"Tell me! Tell me!"Interview

活動の進め方

　What ○○ do you like? の表現を導入した後から行うことができる活動である。様々なカテゴリーで使用することができるので、活動を通して本当のことを伝え合えるやり取りに楽しく慣れ親しませたい。子供の中で流行していることなどをテーマにすると盛り上がる。慣れてきたら「他にどんなことが知りたい？」と問いかけ、子供が知りたいことについて、やり取りさせることもできる。

1　教師が好きな漫画を紹介する

T　：I like anime. Do you like anime?
C　：Yes, I do. I like anime.
T　：Oh, you like anime, too. What anime do you like?
C 1 ：I like Doraemon.
C 2 ：I like Kimetsu-no-yaiba.
※アニメや漫画の他、寿司やラーメンを話題にするとそのまま言える。

2　やり取りをさせる

T　：Now, let's try "Tell me! Tell me!" interview.
C 3 ：What anime do you like?
C 4 ：I like ○○ . What anime do you like?
C 3 ：I like Dragon ball.　　C 4 ：Me, too!
※子供の中で人気のあるものが分かってくる。

3　深まる質問を導入する

T　：C 3 さん , C 4 さん , you like Dragon ball.
C34：Yes.
T　：OK, me, too. I like Dragon ball, too.
C34：先生も？ 誰が好きなの？
T　：I like ベジータ. What character do you

like?
C 3 ：I like 魔人ブー. What character do you like, C 4 さん？

4　再度、やり取りをさせる

C 5 ：What anime do you like?
C 6 ：I like sazaesan.
C 5 ：What character do you like?

C 6 ：I like Wakame. しっかり者だから。
※いつの間にか理由を言う子供も出てくる。

活動を効果的に行うためのポイント

本活動の目的は、自分の思いや考えを伝え合うことである。表現への慣れ親しみの事前の活動であっても、コミュニケーションの「目的や場面、状況」に応じて話題設定をし、「本当のこと」を伝え合うことができるようにする。

基本型 # ビッグシート・ポインティング・ゲーム

活動の進め方

　第2時において、アルファベットの文字の名称と形の一致を促す目的で行う。通常のポインティング・ゲームは、1〜2名で行い、1つの文字を指差しする活動であるが、ここで紹介するのは複数名で行わせるため、大きなサイズのシートを使う。シートには1つの文字が複数書かれており名称読みをされた文字を全て指で押さえなければならず、グループで助け合って行う。形と名前の一致ができていない子供への配慮の1つとして考案した活動である。

活動を効果的に行うためのポイント

①教師の提示の仕方
　1グループに1枚、大きいアルファベット文字シートを配る。
T：Let's do the pointing-game. "A"!
C：A!（指差して）あれ A がたくさんある。
T：Yes, please point to all "As!"

②難易度を少し上げる
T：Now, change your seat.
　（隣の席にズレて座る）
　Next, "W"!
C1：W!（指差し）
C2：C1さんそれ M だよ。
C1：さかさまだ。
T：You helped each other.
　That's great.
※助け合う姿を称賛する

③協同学習の視点
　形と名前の一致ができていない子供にとっては、ポインティング・ゲームの難易度が高い場合がある。助け合って取り組む場面を認めたり、角度によって別の文字に見えることを楽しんだりするなど、どの子供も楽しく学べる機会としたい。

発展型 # アルファベット・ツリー

活動の進め方

　第3時の発展的な活動である。直線や曲線、角度、自分の名前にある文字など、子供にとっての気付きのポイントは様々である。そこで、既習表現である What ○○ do you like? を使い、お気に入りの文字を伝え合う活動を行う。針金入りのモールを渡し、お気に入りの文字を作り、それを見せながら文字の紹介や気に入った理由を伝え合う。モールで作った文字はクリスマスツリー等に飾る。

1　全員に1つずつ好きな色のモールを配る
T 　：What color do you like?（モールを見せながら）
C 1：I like blue.　　T：Why?　　C 1：I like beach.
T 　：You like beaches. Blue pipe cleaner, here you are.
C 1：Thank you. パイプクリーナーって言うんだね。

2　紙面を手本に、形に気を付けて文字を作る
T 　：What alphabet letter do you like?
C 　：I like 〜.（それぞれに言う）　　T：Why do you like it?
C 2：I like Z. ギザギザしてかっこいいから。
C 3：I like A. お母さんの名前とお揃いの文字だから。
※多様な理由を承認し、好きな文字を作らせる。

3　気に入っている文字を紹介する
T 　：Show me. What alphabet letter do you like?
C 　：I like 〜.（それぞれ見せながら答える）
T 　：Wonderful alphabets you have!
　　　Let's ask and show to your friends!
C 4：What alphabet letter do you like?　　　　C 5：バスケが好きだから！
C 5：I like B.　　C 4：Why? Why B?　　　　※理由を聞いているペアを称賛し、紹介する。

4　気に入ったそれぞれの理由について伝え合い認め合う
T 　：What alphabet letter do you like? C 5,　　T 　：Same alphabet letter! How nice! Why?
　　　C 6さん？　　　　　　　　　　　　　　　　C 5：英語が好きで English だから。
C 5：I like E.　　C 6：I like E.　　　　　　　C 6：名前の真ん中の文字だから。（KEI）

活動を効果的に行うためのポイント

大文字への認識を深めるため、既習表現を活用し、好きな文字について伝え合うこともできる。モールを使うと形への着目を促したり、相手に見せるときに向きを考えさせたりできる。文字が好きな理由はそれぞれであり、伝えたい思いや相手の考えを知りたい気持ちが溢れてくる。また、自分が思いを込めて作ったモールが季節感を感じるクリスマスツリー等に飾られることで喜びと達成感が増すだろう。

Back to the 1 年生［算数科］

活動の進め方

　第 2 時以降において、お店屋さんごっこで「形づくり」の活動をする前に行う。 1 年生の頃に算数科の「形づくり」で学習した内容を想起させながら、各自が必要な形を集める表現を導入する。 1 年生の頃の担任からのミッション問題として提示すると、子供たちの好奇心をくすぐることができる。単元の中で、お店屋さんごっこを行うときに必要な色や数の言い方にも触れ、やり取りをしながら、形の言い方や使用表現に慣れ親しませたい。

活動を効果的に行うためのポイント

①目的の設定（1）

T：Everyone, today we have a mission-letter from A 先生 . （1 年の頃の担任）

C：What mission?

T：（手紙を読む）Hi, do you remember me? I like candies. Please make a candy with 色板？

C：算数でやったよね。

②目的の設定（2）

T：Mission! You can use only 4 triangles.

C：トライアングル？

T：Yes, a triangle.
（ジェスチャー）
Next. Let's make a fish.

C：Mission, please.

T：Please use 1 triangle and 1 square.

③活動の工夫

ペアで活動させることで協力しながら安心して取り組むことができる。形の言い方に慣れてきたら色板を渡す役と作る役に分かれ、

C 1：Red triangle, please.

C 2：How many? Three, please.

などのやり取りもできる。

Let's make a message card!

活動の進め方

　使用語彙や表現への慣れ親しみに加え、相手意識、目的意識を育むことも大切に行う。「お店屋さんごっこ」の活動を「何のために、どのような目的をもって行うか」を考えるヒントになるような例を紹介したい。既習のアルファベットの大文字とも関連付け、再度アルファベットの文字の名称や形に着目する機会とし、さらに文字のもつよさについても実感させる。

1 「家族へ」勤労感謝の日と関連

T　：What is November 23rd?
C　：勤労感謝の日！
T　：That's right. What message do you want to give to your family?
C　：ありがとう　　C：英語では Thank you.

※様々な形の色紙に A,R,I,G,A,T,O,U と T,H,A,N,K, Y,O,U で使うアルファベットの大文字を 1 文字ずつ書いて準備する。伝えたいメッセージは子供に選ばせる（どちらも 8 文字である）。

2 お店屋さんごっこのデモンストレーション

T　：Let's go shopping. What letter do you want for your message?
C　：T, please.　　T：What color? What shape?
C　：Oh! Pink circle T, please!

※色や形、文字を選ぶ、やり取りの状況を設定する。

Pink star T, please!

3 「他学年との交流」 6 年生を送る会と関連

T　：What school event do we have on January 23rd?
C　：6 年生を送る会！楽しみだけどさみしいな。
T　：That's right. Yes, it's fun but you'll miss them. What message do you want to give them?
C　：ありがとうや、卒業おめでとう。　　C：英語で Thank you. おめでとうは何て言うかな？

※いろいろな形の色紙に ARIGATOU・THANK YOU 等 1 文字ずつ書いて準備しておく。伝えたいメッセージは子供に選ばせる（8 文字程度）。

※カードの他に、読書月間等の時期であればしおりにするなど、相手が実際に使えるようなものを贈る。

活動を効果的に行うためのポイント

カードを贈る活動は、年中行事や学校行事と関連させると相手意識・目的意識をもたせることができる。時期によりクリスマスカードや年賀状を作る活動も考えられる。アルファベットの文字を扱う単元で、6 年生から 3 年生に「英語のネームカード」を贈る活動を経験させておくと、6 年生にとっては目的をもって「大文字」を書く活動となる。その後、6 年生への感謝の気持ちを伝える活動として 3 年生からカードを贈れば、学年を超えた学びの連携が図れる。

基本型 # Touching What's this? クイズ

活動の進め方

　本単元のゴールで行う「クイズ大会」につながる活動である（第2時）。クイズの出題者として必要な表現 What's this? とその返答の It's（a/an）～. に、実際の体験を通して楽しく慣れ親しませたい。また、アルファベット文字を扱った単元で使った文字の模型を用いて、学んできた文字の特徴を想起しながら触り、アルファベットの大文字を当てるクイズにしている。中が透けて見えないように布製の袋に入れ、ある程度、形が予測できるように見せて行う方法もある。

活動を効果的に行うためのポイント

①活動の手順
T：Let's play "Touching
　　What's this? Quiz."
　　What's inside?
C12：Let me try!
C2：C1には見せず、他
　　の子供に見せながら
　　「Q」を入れる。
C：What alphabet letter?（全体）
C2：What's this?

②文字の選択方法
C1：丸いな O？ あ、Q！
　　　It's Q！
C2：That's right. Good job!
C34：Let me try!
C4：「F」を入れる。
C：What alphabet letter?（全体）
C4：What's this?
（E と F が似ていることから
F をクイズにした）

③その他の方法
T：Any volunteers?
C5～8：Let me try.
T：Quiz or answer?
C56：Quiz.
C78：Answer.
C56：似た形の文字を選ぶ
C78：片手だけで触る。
C：What alphabet letter?
C56：What's this?

発展型

目指せ！ヒントマスター

活動の進め方

　本単元の目標は「相手に伝わるように工夫しながらクイズを出したり答えたりしようとする」である。１つのものに対して複数のヒントを出すことによって言葉に広がりが生まれる楽しさや、伝わったという達成感を味わうことができるようにしたい。ここではクイズに欠かせないヒントづくりを楽しく行える練習活動を紹介する。ペットにしたい動物などのテーマにすると盛り上がる。

1　ペットにしたい動物のカードを選ぶ

赤白帽子などに、代表の子供が選んだ動物絵カードを貼らせる。

T　：What animal? Hint, please. ※子供はサメを選んである。

2　様々なヒントを言わせる

C12：○○先生，it's big.

T　：It's big. OK! More hint, please.

C34：It's dangerous.（ALT に教えてもらった）

T　：It's dangerous. More hint, please.

C56：It's a sea animal.　　T：Oh, a sea animal, dangerous and big.

3　間違える様子を見せる

T　：I think…. It's a dolphin!

C　：No, sorry. Dolphin はかわいいでしょー。

T　：Oh, sorry. Dolphin is cute. Sorry. Hint, please.

C 7：Big mouth.（ジェスチャーをする）

T　：Ah, ha? It's a shark!　　C：Yes. That's right!

4　最後には鳴き声やものまね（ジェスチャー）

ジェスチャーや鳴き声などは、「相手に伝わりやすくするための工夫の１つ」であることをこれまでの学習場面を振り返って再確認する。ヒントの場合にはどのような順番で出すと、より効果的かを思考させ、コミュニケーションを行う「目的や場面」「状況」などに応じた話し方や効果的なプレゼンの工夫について考える機会を大切にしたい。

活動を効果的に行うためのポイント

　自分の好きな動物や食べ物をクイズにする子供が多いが、それらを表す語彙を知っているとは限らない。語彙が足りない場合には、最終的にジェスチャーや鳴き声などの伝えるためのアイデアを推奨したい。最終ヒントにイラストを使いたいという子供には一部を隠しながら少しずつ見せるなど、効果的な提示方法を思考させ、子供の多様な伝え合いの工夫を承認し、今後の学習意欲につなげる。

基本型 # I See Something…? クイズ

活動の進め方

　I see something 〜? の表現に慣れ親しむ目的で行う（第2時）。あらかじめ、教室の壁に4〜6枚の動物絵カードを掲示しておく。Scary や色など、特徴を表すヒントを聞いただけでは分からないような動物の絵カードを2、3枚ほど混ぜておく。1つ目のヒントで、教師が "I see something small." と言うと、子供は小さい動物の中で、予想した絵カードの近くに移動する。2つ目のヒントとして "I see something yellow." と言い、どんどん焦点を絞っていくような聞かせ方をする。

I see something small.

活動を効果的に行うためのポイント

①実際の活動

T：I enjoy animal watching in the jungle. I see something…scary.

C：Scary? 蛇？おおかみ？
（予想する絵カードへ）

T：I see something triangle ears.（ジェスチャー）

C：あ、じゃあ蛇じゃない。
（新たな場所に移動する）

T：I see something brown and big!（ジェスチャー）

C：Brown and big! クマ！
（新たな場所に移動する）

T：I'm watching the bear! Yes, that's right!

C：先生、クマ恐いの？

T：Yes. How about you?

C：僕は恐くないよ。金太郎さんの親友だよ。

②コミュニケーション

教師と子供のやり取りを通して、意味をつかませたり、表現の慣れ親しみを深めたりする。また、同じ言葉でも人によって感じるイメージが違う楽しさを味わい、他者理解を深めることができるようにする。

Triangle ears.

Brown and big!

Scary!

クマさんはやさしいよ

発展型 かくれんぼストーリータイム

活動の進め方

　第 5 時において、まとまった短い話を聞いて、おおまかな意味が分かる喜びと、台詞を真似て話す楽しさを味わわせる目的で行う。3 名ほどのグループを作り、森の様子を真似した場面絵のポケットの中に、1 人ずつ動物カードを隠す。動物の身体が少しだけ見えるように隠し、子供は自分が隠した動物の特徴を "I see something white." などと、ヒントを言っていく。聞き手は "Are you（a）rabbit?" または既習の "It's（a）rabbit?" のように答える。

1　3 人のグループで取り組む

T　：Please make group of 3. 1, 2, 3. 3 members. And choose one animal card. And choose one more trick animal card.

2　どの順番で話していくかを決める

T　：Now, let's make a " かくれんぼストーリー."
C 1：I like 〜. と動物の好きな食べ物を言ってもいいですか。
C 2：伝える工夫で、動物の鳴き声や、なりきりジェスチャーをしてもいいですか。
T　：Nice ideas! It's a big hint. Please think about the hint order.
※既習表現を使用し、伝えたいという意欲を称賛する。

3　セリフを真似してかくれんぼストーリーを話す

T　：Then, let's sing a " かくれんぼストーリーsong."
　　　Story time! Story time! ♪ （手拍子をしながら）
C　：Story time! Story time! ♪ （くり返す）
T　：かくれんぼストーリーtime ♪1,2,3,4,5,6,7,8,9,10! Ready or not, here I am!

C 3：I see something green.　　　　　　　C 4：Oh!! Are you（a）turtle?
　　　I see something slow.　　　　　　　 C 3：Yes! I'm（a）turtle!
　　　（ジェスチャーでも表す）　　　　　※C 3 は、カメとへびをかくれんぼシートに隠
C 4：Are you（a）snake?　　　　　　　　　した。動物を隠すポケットは、体の部位が
C 3：I'm Urashima Taro's best friend!　　 少し見えるように浅めに作られている。

活動を効果的に行うためのポイント

これまでに慣れ親しんできた表現や語彙を使って、「読み聞かせに挑戦したい」という、子供の知的好奇心をくすぐる単元である。Unit 8 のクイズ大会との違いを出すため、読み聞かせの前に短い歌を歌い "Story Time" の雰囲気を醸し出すとよい。場面絵に動物の身体の一部が少し見えるように隠して I see something 〜. の意味を捉えさせる。また、もう 1 つ似た動物を隠すと、聞き手の思考が促され自然な対話を引き出せる。グループで協働して目標を達成する充実感や、学びの成長が実感できる。

編著者・執筆者一覧

［編著者］
直山　木綿子
文部科学省初等中等教育局視学官

京都府出身。京都市立中学校で勤務後、京都市総合教育センターカリキュラム開発支援センター指導主事、同指導室指導主事、京都市教育委員会学校指導課指導主事、文部科学省教育課程課教科調査官を経て、平成31年4月より現職。主な著書に『小学校外国語活動　イラストで見る　全単元・全時間の授業のすべて［5年・6年、全2巻］』（東洋館出版社）、『外国語活動の授業づくり』（文溪堂）、『なぜ、いま小学校で外国語を学ぶのか』（小学館）、『小学校外国語活動モデル事例集』（教育開発研究所）、など多数。現場時代の経験を踏まえた講演・授業が全国の小学校で人気を博し、大きな反響を呼んでいる。

［執筆者］ ＊執筆順。所属は令和3年2月現在

		［執筆箇所］
直山　木綿子	（前出）	はじめに、外国語教育における授業のポイント
平良　優	沖縄県宮古島市立東小学校	Unit 1／Unit 6
上江洲　育子	沖縄県中城村立中城南小学校	Unit 2
堀井　晴美	徳島県名西郡神領小学校	Unit 3
大江　寛子	青森県八戸市立長者小学校	Unit 4
清野　哉子	青森県八戸市立西白山台小学校	Unit 5
佐藤　美智子	鳴門教育大学	Unit 7
益戸　順一	大分大学教育学部附属小学校	Unit 8
福田　優子	大分県佐伯市立上堅田小学校	Unit 9
奥平　明香	沖縄県浦添市立浦添小学校	巻末付録

『イラストで見る全単元・全時間の授業のすべて　外国語活動　小学校 3 年』
付録 DVD ビデオについて

・付録 DVD ビデオは、文部科学省初等中等教育局視学官による外国語活動・外国語科における解説動画が収録されています。

【DVD の内容構成】
1　新学習指導要領における外国語教育の在り方
2　外国語活動・外国語科の指導のポイント
3　Let's Try 1 の解説と言語活動のアイデア
4　外国語活動・外国語科の評価のポイント
5　小中連携のポイント

【使用上の注意点】
・DVD ビデオは映像と音声を高密度に記録したディスクです。DVD ビデオ対応のプレイヤーで再生してください。
・ご視聴の際は周りを明るくし、画面から離れてご覧ください。
・ディスクを持つときは、再生盤面に触れないようにし、傷や汚れ等を付けないようにしてください。
・使用後は、直射日光が当たる場所等、高温・多湿になる場所を避けて保管してください。

【著作権について】
・DVD ビデオに収録されている動画は、著作権法によって守られています。
・著作権法での例外規定を除き、無断で複製することは法律で禁じられています。
・DVD ビデオに収録されている動画は、営利目的であるか否かにかかわらず、第三者への譲渡、貸与、販売、頒布、インターネット上での公開等を禁じます。

【免責事項】
・この DVD の使用によって生じた損害、障害、被害、その他いかなる事態についても弊社は一切の責任を負いかねます。

【お問い合わせについて】
・この DVD に関するお問い合わせは、次のメールアドレスでのみ受け付けます。　tyk@toyokan.co.jp
・この DVD の破損や紛失に関わるサポートは行っておりません。
・DVD プレイヤーやパソコン等の操作方法については、各製造元にお問い合わせください。

※本書及び動画内引用・転載資料
　『Let's Try 1 』（文部科学省、2018年）
　『In the Autumn Forest』（文部科学省［著］、文溪堂、2018年）

イラストで見る　全単元・全時間の授業のすべて

外国語活動 小学校 3 年

～令和 2 年度全面実施学習指導要領対応～

2021(令和 3) 年 3 月 10 日　初版第 1 刷発行

編 著 者：直山　木綿子
発 行 者：錦織　圭之介
発 行 所：株式会社東洋館出版社
　　　　　〒113-0021　東京都文京区本駒込 5 丁目 16 番 7 号
　　　　　営 業 部　電話 03-3823-9206　FAX 03-3823-9208
　　　　　編 集 部　電話 03-3823-9207　FAX 03-3823-9209
　　　　　振　　替　00180-7-96823
　　　　　Ｕ　Ｒ　Ｌ　http://www.toyokan.co.jp

印刷・製本：藤原印刷株式会社

装丁デザイン：小口　翔平＋岩永　香穂（tobufune）
本文デザイン：藤原印刷株式会社
イラスト：おおたきまりな
DVD 制作：秋山　広光（ビジュアルツールコンサルティング）

ISBN978-4-491-04014-1　　　　　　　　　　Printed in Japan